LA CHANSON
DE
ROLAND

Poëme de Théroulde

SUIVI DE LA

CHRONIQUE DE TURPIN

TRADUCTION DE

ALEX. DE SAINT-ALBIN

PARIS
LIBRAIRIE INTERNATIONALE
A. LACROIX, VERBOECKHOVEN & C⁰, ÉDITEURS
15, BOULEVARD MONTMARTRE
Au coin de la rue Vivienne
Même maison à Bruxelles, à Leipzig et à Livourne

1865

LA CHANSON

DE ROLAND

67. — Paris. — Imp. Poupart-Davyl et Comp., rue du Bac, 30.

LA CHANSON

DE

ROLAND

Poëme de Théroulde

SUIVI DE LA

CHRONIQUE DE TURPIN

TRADUCTION DE

ALEX. DE SAINT-ALBIN

PARIS
LIBRAIRIE INTERNATIONALE
A. LACROIX, VERBOECKHOVEN & C⁰, ÉDITEURS
15, BOULEVARD MONTMARTRE
Au coin de la rue Vivienne
Même maison à Bruxelles, à Leipzig et à Livourne

1865

On a tout dit sur la CHANSON DE ROLAND, *et il ne reste plus aujourd'hui qu'à la connaître.*

Il y a vingt-huit ans que M. Francisque Michel en publiait le texte d'après le manuscrit de la Bibliothèque Bodléienne d'Oxford. Le soin scrupuleux avec lequel il a préparé cette édition ne sera jamais assez loué. Mais ce travail d'un érudit ne s'adressait qu'au petit public des érudits. Le texte d'un livre chinois aurait eu tout juste autant d'intérêt pour le grand public, à qui on a tant parlé de la CHANSON DE ROLAND, *et qui connaît encore avec ce nom-là les noms du fidèle Olivier et du traître Ganelon, et même le nom de Durandal, mais dont les connaissances ne vont pas plus loin sur ce sujet.*

Il y a quinze ans, M. F. Génin publiait, avec un texte critique, une traduction du poëme. Si les contemporains d'Amyot ressuscitaient, ce travail aurait sans doute un grand prix pour eux, puisqu'au milieu du dix-neuvième siècle M. Génin a traduit Théroulde dans la langue du seizième. Il a donné de cette singularité l'explication que voici : « Ce qui m'a conduit « à adopter pour ma traduction une langue chargée « d'archaïsmes, ce n'est point un caprice puéril ni une « fantaisie d'artiste : c'est la nécessité. Je n'ai pas « trouvé possible de traduire fidèlement une composi-« tion du onzième siècle dans la langue académique « du dix-neuvième. » *Cette traduction ne serait possible, en effet, dans aucune langue académique. Mais pourquoi ne pas traduire la* CHANSON DE ROLAND,

œuvre populaire, dans la langue populaire? L'un des maîtres de la critique, après avoir loué l'habileté avec laquelle M. Génin a « tenu cette gageure, » lui demande : « Pour qui sont faites les traductions? est-« ce pour ceux qui peuvent s'en passer?.. ....
« C'est..., à vrai dire, pour lui seul que M. Génin a
« fait sa traduction. Il a moins songé à son lecteur
« qu'à sa fantaisie d'antiquaire; être compris n'a pas
« été son souci principal. Aussi, quand, par hasard,
« il rencontre dans son texte un terme encore intelli-
« gible, un terme qui n'a pas vieilli, au lieu de le
« conserver, il s'amuse à en choisir un autre obscur et
« hors d'usage; c'est ainsi, par exemple, qu'il traduit
« ces mots : en tel bataille, par ceux-ci : en tel estrif.
« N'est-il pas évident que cette manière d'éclaircir
« un texte est peu secourable aux ignorants? L'in-
« convénient radical d'une telle traduction, c'est
« qu'elle a besoin d'être traduite (1). » La CHANSON DE ROLAND restait donc, après la traduction de M. Génin comme avant, un livre fermé au public.

Joignant l'exemple à la critique, M. Vitet a donné du poëme une analyse émouvante et fidèle, pleine de lumière, comme la traduction de M. Génin est pleine d'obscurité, même pour les lecteurs d'Amyot, car ces gageures-là sont toujours, en dépit de l'érudition et de l'habileté de ceux qui les font, des gageures perdues d'avance ; et on trouve égarés dans la prose de M. Génin bien des mots que le seizième siècle ne connaissait plus et bien d'autres qu'il ne connaissait pas

---

(1) M. L. VITET. Dans la REVUE DES DEUX-MONDES, du 1ᵉʳ juin 1852.

encore. Pour écrire vraiment la langue du seizième siècle, il ne suffit pas de remonter en rêve le cours du temps, il faudrait pouvoir le remonter en réalité, ne plus être M. Génin, ne pas avoir écrit le livre des Jésuites, mais avoir écrit les Essais ou traduit Plutarque. On voit bien que les femmes auteurs qui s'efforcent de dépouiller leur sexe y réussissent trop souvent, mais leur langue devient-elle pour cela plus mâle, leur pensée plus virile? Elles sont parvenues à perdre leur sexe, elles ne parviendront jamais à prendre le nôtre. Ainsi M. Génin a bien pu, dans sa traduction, ne pas parler la langue que nous parlons, mais il n'a point réussi à parler la langue d'Amyot. Il a dépensé toute son érudition et toute sa patience en pure perte.

L'analyse éloquente de M. Vitet a laissé à tous ceux qui l'ont lue le regret qu'il n'ait pas traduit la CHANSON DE ROLAND. Après cette analyse, le poëme de Théroulde n'est plus tout à fait, comme après le travail de M. Génin, un livre fermé : c'est un livre entr'ouvert; la curiosité des lecteurs, loin d'être satisfaite, est encore un peu plus excitée qu'elle n'était.

En publiant aujourd'hui cette traduction, entreprise il y a plus de trois ans, je ne veux pas ajouter encore mes commentaires à tous les commentaires dont le poëme de Théroulde a été l'objet. C'est assez disserter; l'impatience légitime du public ne veut plus rien entendre avant d'avoir enfin lu la CHANSON DE ROLAND.

Je dois dire cependant que, pour la traduire, il m'a fallu obéir à la même nécessité que M. Génin : me composer un texte critique. Il y a toujours dans les manuscrits, ou plutôt dans les copies de toutes les œuvres antérieures à l'imprimerie, la part de l'inattention, de l'ignorance, peut-être la part du goût littéraire du copiste, différent du goût de l'auteur. Nous avons vu, nous voyons encore chaque jour rajeunir des livres imprimés que l'impression semblait défendre contre de telles injures. Mais qui pouvait défendre les chansons de geste contre ces altérations ? La mémoire des jongleurs était la complice de l'infidélité des copistes. En ce qui concerne la CHANSON DE ROLAND, le manuscrit de la Bibliothèque Bodléienne est justement préféré aux mauuscrits de Paris et de Versailles. Cependant j'imagine que, si M. Francisque Michel, qui l'a reproduit scrupuleusement tel qu'il l'a trouvé, avait voulu donner en même temps une traduction, il se serait vu obligé, lui aussi, de traduire sur un texte eritique.

Peut-être quelque jour publierai-je le texte sur lequel j'ai fait cette traduction, et qui se rapproche bien plus du manuscrit de la Bibliothèque Bodléienne que le texte de M. Génin.

Je ne veux dire qu'un mot de l'âge du poëme. Le volume publié par M. Francisque Michel est intitulé : LA CHANSON DE ROLAND OU DE RONCEVAUX DU DOUZIÈME SIÈCLE. M. Génin, on l'a vu, parlait tout à l'heure du onzième siècle. Dans la même Introduction, après avoir établi que le traducteur du livre des Rois écrivait en plein dixième siècle, si ce n'est plus tôt, il ajoute : « Je ne puis m'empêcher de regarder « le poëme de Théroulde comme contemporain, ou à « peu près, de la traduction du livre des Rois. » Et il ajoute encore : « Je sais qu'en parlant ainsi je me « rends suspect de la préoccupation reprochée à la

« plupart des éditeurs archéologues, de chercher tou-
« jours à reculer l'antiquité du morceau qu'ils pré-
« sentent. » Que ne devrai-je pas craindre en remon-
tant encore un peu plus haut que M. Génin! Mais
comment ne pas attribuer au neuvième siècle la
CHANSON DE ROLAND, en présence de ces vers :

> Li Empereres aproismet sun repaire,
> Venuz en est a la citet de Galne;
> Li quens Rollans il l'ad e prise e fraite :
> Puis icel jur en fut cent anz deserte (1).

On peut à ces vers-là, je le sais bien, en opposer
d'autres :

> Naimes li dux e li quens Jozerans
> La quinte eschele unt faite de Normans :
> .XX. milie sunt, ço dient tuit li Franc;
> Armes unt beles e bons cevals curanz,
> Ja pur murir cil n'erent recreanz;
> Suz ciel n'ad gent ki plus poissent en camp.
> Richard li velz les guierat el camp,
> Il i ferrat de sun espiet trenchant. AOI! (2).

M. Génin a bien raison de dire que, la cession de la
Neustrie aux Normands étant de 912, il ne pouvait,
en 778, y avoir de Normands à Roncevaux. On ne
peut guère douter que cette stance soit du dixième
siècle. Mais un commentateur doit-il voir seulement
ce qui favorise son système et fermer les yeux à tout
le reste? La stance LII du premier chant n'a été
comptée pour rien par ceux qui ont essayé de fixer

(1) Chant I, stance LII.
(2) Chant IV, stance XLVI.

l'âge du poëme. Et cependant elle vaut à peu près une date écrite en chiffres : « *L'Empereur approche de* « *son royaume. Déjà il est arrivé à Gauna, la cité* « *que le comte Roland a prise et démantelée. Il y a* « *cent ans de cela, et elle est restée déserte.* »

Évidemment les deux stances ne sont pas de la même main ; la CHANSON DE ROLAND *a trouvé des rajeunisseurs dès le dixième siècle, et nous avons le droit de nous défier des copies qui nous restent et de corriger même la meilleure à l'aide des autres. C'est ce que j'ai fait, en m'écartant le moins possible du manuscrit de la Bibliothèque Bodléienne.*

Je ne veux ni louer la CHANSON DE ROLAND *ni répéter ici les louanges magnifiques que lui ont données tous ceux qui l'ont pu lire, et particulièrement M. Vitet. Elles sont encore dans toutes les mémoires. Ce qui a été dit doit suffire. Je ne veux pas croire que notre épopée nationale ait besoin d'être tant vantée ni tant défendue. La voilà : qu'on la regarde.*

Quand des fils impies accusèrent Sophocle d'insanité d'esprit, le vieux poëte lut son Œdipe à ses juges et il fut absous. Nos pères ont été bien souvent traités par nous comme Sophocle par ses enfants. Le dix-huitième siècle avait dit : « *Les Français n'ont pas la* « *tête épique.* » *Il suffit à la* CHANSON DE ROLAND *de se faire voir, et la sentence est cassée, et la Henriade ne prouve plus rien que la nécessité de la foi religieuse pour donner la vie au poëme. Vous pourrez bien assembler sans elle toutes les parties ordinaires de l'épopée, vous pourrez même les joindre ensemble par un art ingénieux et savant, comme vous pourriez assembler une tête, un tronc et des membres humains ;*

mais vous ne pourrez point faire passer en eux le divin souffle de la vie, et votre assemblage n'est pas même un cadavre, car un cadavre a vécu, il a été l'hôte et le serviteur d'une âme : votre assemblage n'est qu'un spectre.

Après dix siècles qui ont vu naître et mourir tant d'œuvres, tant d'institutions, tant de fortunes qu'on croyait immortelles, la CHANSON DE ROLAND est toujours vivante. Le passé tout entier est là, pour la louange ou pour le blâme. Bien des lecteurs, je le sais trop, ne seront touchés que de la rudesse de ces preux tout bardés de fer, et, pour parler des choses d'autrefois avec les mots d'aujourd'hui, de leur intolérance. Ces vaillants ne se battent qu'au nom de la Loi chrétienne, et, quand ils sont vainqueurs, ils font périr par le fer tous les vaincus qui refusent le baptême. Ces vieux monuments de notre langue sont encore, si l'on veut, des monuments de l'intolérance de nos ancêtres. Je n'y contredis point. Mais ils portent en même temps témoignage de leur foi profonde, de leur piété tendre et naïve, de leur douceur même pour tout ce qui est faible et pour tout ce qui souffre. Voyez comme Charlemagne traite Bramidonie, une païenne, autrement que les païens qui portent le haubert, le heaume et l'épieu tranchant ! Voyez comme Roland parle à Olivier blessé à mort, et qui vient, sans le reconnaître, de frapper Roland d'un coup si rude, qu'il semblait aussi devoir être mortel !

Je m'arrête. Je parlerais de Roland avec une chaleur non ordinaire, même chez un traducteur, et sous l'influence peut-être de souvenirs tout à fait étrangers au poëme. J'ai commencé cette traduction dans l'automne de 1861, loin du bruit de la grande ville, sous les arbres, dans un village de notre Champagne, où les journées d'automne sont si douces. Des yeux, les premiers que j'avais vus fixés sur mon berceau à côté de ceux de ma mère, interrogeaient avec une curiosité charmante les vers du vieux poëte sans pouvoir percer le voile que dix siècles ont étendu sur la CHANSON DE ROLAND. Alors je lui lisais les premières stances que je venais de traduire, et je voyais s'allumer, au bruit des discours des Chevaliers chrétiens, le regard de cette femme si forte dans un corps si frêle. Au temps de nos discordes civiles, elle avait été sans le savoir héroïque en sa vie cachée; elle avait voulu envoyer combattre et peut-être mourir pour la défense de la société, ce qu'elle avait de plus cher ici-bas. Elle devait aimer Roland, elle devait être touchée de la tendresse et de la douleur silencieuse de la belle Aude. Ce m'était d'avance une joie d'écarter pour elle le voile qui lui cachait un monde qu'elle était si bien faite pour comprendre. Hélas! je n'avais pas achevé le premier chant, que la mort avait ouvert sans doute à ses regards les mystères du passé comme ceux de l'avenir. Et je ne peux plus qu'inscrire à la première page de mon travail la date d'un anniversaire funèbre.

29 janvier 1865.

LA CHANSON

DE ROLAND

CHANT I

LA TRAHISON

ARGUMENT

Charlemagne maître de l'Espagne. — Le Roi Marsille, qui tient encore à Saragosse, demande conseil à ses ducs et à ses comtes. — Blanchandrin l'engage à envoyer à Charles des ambassadeurs avec de riches présents, à lui promettre d'aller en France recevoir la loi des Chrétiens et à lui offrir des otages, mais en les sacrifiant, car il engage Marsille à ne pas accomplir ce qu'il l'engage à promettre. — Marsille, suivant le conseil de Blanchandrin, choisit dix des plus félons et les envoie en ambassade auprès de l'Empereur. — Charlemagne à Cordoue, au milieu de ses hommes. — Arrivée des ambassadeurs de Marsille. — Discours de Blanchandrin. — L'Empereur consulte ses Barons sur les propositions de Marsille. — Roland ne veut entendre à rien avec le Sarrasin. — Avis contraire de Ganelon. — Le Duc Neimes appuie l'avis de Ganelon. — Charlemagne demande quel ambassadeur il doit envoyer à Marsille. — Le duc Neimes, le comte Roland, l'Archevêque Turpin se proposent tour à tour : le Roi repousse leur offre. — Roland propose Ganelon, qui est accepté. — Fureur de Ganelon contre Roland. — Charlemagne donne à Ganelon le gant et le bâton. — Ganelon laisse tomber le gant. — Ganelon part et rejoint les ambassadeurs Sarrasins. — Pacte de trahison. — Arrivée à Saragosse. — Discours de Ganelon à Marsille. — Effroi et colère de Ganelon, aux menaces de Marsille. — Ganelon achève son discours. — Complot de Marsille et de Ganelon pour la mort de Roland, d'Olivier et de vingt mille Français. — Ganelon fait serment de trahison sur son épée. — Marsille jure sur la loi de Mahomet et de Tervagant. — Présents faits par les païens à Ganelon. — Promesses de Marsille. — Retour de Ganelon auprès de Charlemagne. — Retour de Charlemagne et de son armée en France.

LA CHANSON DE ROLAND

CHANT I

LA TRAHISON

I

Le Roi Charles (1), notre grand Empereur (2), est resté en Espagne sept ans entiers. Il a conquis jusqu'à la mer cette noble terre ; il n'y a pas de château qui tienne contre lui, pas de mur ni de ville qui reste à

---

(1) Dans le texte, Charlemagne est appelé tour à tour Carles, Carle, Carlun, Charles, Carloman, Carlemagne.

Il en est ainsi de la plupart des personnages du poëme. La Reine

forcer, hors Saragosse, assise sur la montagne. Là
règne le Roi Marsille, qui n'adore pas Dieu, qui sert
Mahomet et invoque Apolin : aussi son adresse ne
pourra le soustraire au malheur. DIEU NOUS AIDE (3)!

II

Le Roi Marsille est à Saragosse. Il est dans un
verger, couché à l'ombre du feuillage, sur un perron

Bramidonie est appelée successivement Bramimunde, Bramidame
et Bramidonie. Blanchandrin est appelé Blancandrins et Blanchandrins, etc.

Je n'ai pas cru nécessaire de reproduire dans la traduction cette
variété d'appellations.

(2) Le poëte donne à Charlemagne les deux titres de roi et
d'empereur. Il fait de même pour Marsille.

(3) Aoi!

M. Francisque Michel, le premier éditeur de la *Chanson de
Roland*, voit dans ce mot un cri de guerre, une traduction du cri
d'élan sur l'ennemi, *away*. Il se demande cependant si ce ne serait
pas une exclamation du jongleur pour avertir le ménétrier que la
tirade finit et qu'il ait à s'arrêter. Mais cette exclamation devrait
se trouver à la fin de toutes les tirades, et il en est, au contraire,
un grand nombre qui ne l'ont pas. En même temps il en est d'autres qui ont cette exclamation à la fin du premier vers, les stances
XXI, XXIII et XXIV du Chant Ier, la stance IV du Chant II, les
stances III, XIII et XXXII du Chant III, les stances LXXXVII,
CX et CXII du Chant IV. Aoi! est à la fin du vers pénultième
de la stance XLI du dernier Chant. Il est au milieu de la stance
LXXXIII du même Chant et de la stance IX du Chant II.

Il est donc difficile d'y voir, avec M. Francisque Michel, un signe
d'arrêt.

M. Génin partage le premier avis de M. Francisque Michel.

de marbre bleu. Plus de vingt mille hommes l'entourent. Il s'adresse à ses Ducs, à ses Comtes : « Entendez, seigneurs, quel mal nous encombre. L'Empereur Charles de France est venu de son doux pays en celui-ci pour nous confondre. Je n'ai pas d'armée qui puisse donner bataille à la sienne, je n'ai pas d'hommes qui puissent vaincre ses hommes. Conseillez-moi donc, comme gens d'expérience que vous êtes, et sauvez-moi de mort et d'affront! » Il n'est pas un de ces païens qui trouve un seul mot à lui répondre, hors Blanchandrin du castel de Val-Fondé.

« Cette exclamation, dit-il, était jetée comme un cri de guerre par
« le ménestrel qui chantait les vers de Théroulde. L'orthographe
« exacte serait *avoi* (à voie, allons ! en route!). Il est aujourd'hui
« encore force gens qui, s'ils notaient leur prononciation à la
« rigueur, écriraient : *voui*, et par compensation, *en oiture* et
« *ous*, pour *vous : av'ous? sav'ous?* »

C'est assurément fort ingénieux. Mais si, dans sa traduction, M. Génin, au lieu de reproduire Aoi! tel qu'il est dans le texte, avait essayé de mettre à la place son cri de guerre, il n'aurait pas persisté longtemps dans son interprétation et se serait arrêté devant les contre-sens les plus choquants.

Dans une note manuscrite que j'ai sous les yeux, M. Monmerqué relate et paraît adopter l'opinion de M. Barrois, qui regarde Aoi! comme une confirmation de ce qui précède, une contraction de : *Oui, oui, c'est bien ainsi*. Mais combien de stances de la *Chanson de Roland* viennent contredire cette interprétation !

J'ai bien cru reconnaître aussi dans Aoi une contraction, mais une contraction d'*ajuder*, qui est déjà une contraction d'*adjuvare*. J'ai pu ainsi traduire Aoi! Et ce cri Dieu nous aide! n'est contredit par aucun passage de la *Chanson de Roland*.

III

Blanchandrin, un des plus sages païens, chevalier de bon vasselage, homme de sens pour aider son seigneur, dit au Roi : « Ne vous effrayez point. « Envoyez à Charles, à cet orgueilleux, à ce superbe; « reconnaissez qu'il a droit à vos services, et témoi- « gnez-lui une grande amitié; donnez-lui ours et « lions et chiens, sept cents chameaux et mille au- « tours déjà grands (1), quatre cents mulets chargés « d'or et d'argent, cinquante chars qui en seront en- « core chargés (il en pourra payer ses soldats). C'est « assez de guerre en notre pays : il est bien temps « qu'il retourne en France, à Aix-la-Chapelle. Pro- « mettez que vous l'y rejoindrez à la fête de saint « Michel, pour y recevoir la loi des Chrétiens et de- « venir son homme-lige et d'honneurs et de biens. S'il « veut des otages, vous lui en envoyez dix ou vingt. « Pour qu'il prenne confiance, nous lui envoyons les « fils de nos femmes. Au risque de sa vie, je lui en- « verrai le mien. Il vaut bien mieux qu'ils y perdent « leurs têtes que de perdre, nous, notre honneur et « nos biens et de nous voir réduits à mendier. » DIEU NOUS AIDE !

---

(1) *Mil hosturs muers.* Mille autours qui ont accompli leur mue.

IV

Blanchandrin dit encore : « Par ma main droite et
« par ma barbe que le vent agite sur ma poitrine,
« vous allez voir tout de suite l'armée des Français se
« disperser. Les Francs s'en vont aller en leur terre
« de France. Chacun sera bientôt dans son meilleur
« domaine, Charles à Aix, à sa Chapelle, où doit se
« tenir cette si grande fête de saint Michel. Le jour
« viendra, le terme passera, et il n'entendra de nous
« paroles ni nouvelles. Il est fier, et son cœur est
« cruel : il fera trancher les têtes de nos otages. Mais
« mieux vaut que nos fils y perdent leurs têtes que de
« perdre, nous, notre belle Espagne, éclatante de
« lumière, et d'avoir à supporter tant de maux et de
« souffrances. »

Et les païens de dire : « Il a raison (1) ! »

V

Le Roi Marsille a levé son conseil. Il appelle à lui
dix des plus félons, Claron de Dalaguet, Estamarin
et Eudropin son compagnon, et Priame et Guarlan
le Barbu, et Machiner et son oncle Maheu, et Joiner et

---

(1) Littéralement : « Cela peut bien être. »

Maubien d'Outre-Mer, et Blanchandrin, pour leur donner ses ordres : « Seigneurs Barons, allez trouver « Charlemagne, qui s'est établi devant la ville de Cor« doue. Portez dans vos mains des branches d'olivier : « c'est un signe de paix et de soumission. Si, par « votre savoir-faire, vous pouvez nous mettre d'ac« cord, je vous comblerai d'or et d'argent, je vous « donnerai terres et fiefs tant que vous en voudrez. »

Et les païens de dire : « Déjà nous en avons beau« coup. »

VI

Le Roi Marsille a levé son conseil. Il dit à ses gens : « Seigneurs, il faut partir, portant dans vos mains « des branches d'olivier. Vous direz de ma part au « Roi Charlemagne que, pour son Dieu, il ait merci « de moi. Il ne verra point s'achever ce premier mois « que je ne l'aie rejoint avec mille de mes fidèles ; « je recevrai la loi chrétienne ; je serai son homme« lige par amour et par foi. S'il veut des otages, vrai« ment je lui en donnerai. »

Et Blanchandrin de dire : « Vous aurez à vous ré« jouir de notre message. » DIEU NOUS AIDE !

VII

Marsille fait amener dix mules blanches, que lui a données le Roi de Suatille ; leurs freins sont d'or, et leurs selles d'argent. Ceux qu'il vient de charger de son message y montent, portant dans leurs mains des branches d'olivier. Ils vont à Charles qui tient la France sous sa gouverne. Il ne pourra se garder tout à fait de tomber dans leurs piéges. DIEU NOUS AIDE !

VIII

Notre Empereur est en liesse et en joie : il a pris Cordoue, détruit ses murs et renversé ses tours avec des machines de guerre ; les chevaliers en ont tiré un très-grand butin d'or et d'argent et d'armes précieuses ; et il n'est pas resté dans la ville un païen qui n'ait été tué ou qui ne soit devenu Chrétien. L'Empereur est dans un grand verger. Il a auprès de lui Roland et Olivier, le duc Sanche et le fier Anséis, Geoffroy d'Anjou, gonfanonier du Roi, et Gérin, et Gérer. Il y en a encore bien d'autres auprès de lui ; ils sont là quinze mille fils de la douce France. Ces chevaliers sont assis sur des tapis de soie blancs, ils se divertissent au jeu de dames ; les plus âgés et les plus sérieux jouent aux échecs, et les jeunes bache-

liers s'amusent à l'escrime. Sous un pin et à l'ombre
d'un églantier brille un fauteuil tout fait d'or pur :
là sied le Roi qui gouverne la douce France; sa barbe
est blanche et sa tête pleine de beauté, son corps est
noble et bien pris, et sa contenance est fière. A qui
le cherche, il n'est besoin de l'indiquer : les messagers de Marsille descendent de leurs mules et vont
saluer l'Empereur avec empressement et respect.

IX

Blanchandrin parle le premier, et dit au Roi :
« Soyez béni de Dieu le glorieux que nous devons
« adorer! Voici ce que vous mande le vaillant Roi
« Marsille : après avoir bien cherché des moyens
« d'arrangement, il veut vous donner une grande
« part de ses trésors, ours et lions et lévriers en
« laisse, sept cents chameaux et mille autours déjà
« grands, quatre cents mulets chargés d'or et d'ar« gent, cinquante chars que vous ferez vous-même
« remplir; ils porteront des besans d'or fin, dont vous
« pourrez payer vos soldats. Vous avez été assez long« temps en notre pays, vous devez avoir hâte de re« tourner en France et à Aix. Mon maître vous y
« suivra, il en prend l'engagement. » L'Empereur
lève ses mains vers Dieu, puis, la tête penchée, se
met à réfléchir. Dieu nous aide !

X

L'Empereur demeure la tête baissée ; il ne se presse point de répondre, suivant sa coutume de prendre son temps pour parler. Enfin il relève la tête, et montrant aux envoyés sarrasins un visage plein de fierté, il leur dit : « Vous avez très-bien « parlé. Mais le Roi Marsille est mon grand ennemi. « Comment pourrai-je m'assurer en ces promesses « que vous venez de me faire ? — Par des otages, « dit le Sarrasin, dont vous aurez ou dix, ou quinze, « ou vingt. Au risque de sa vie, j'y mettrai un mien « fils, et vous n'en aurez pas, je crois, de plus noble. « Quand vous serez en votre palais impérial, à la « grande fête de Saint-Michel-du-Péril, mon maître « vous rejoindra, il en prend l'engagement, à ces « bains que Dieu fit exprès pour vous ; c'est là qu'il « veut devenir Chrétien. » Charlemagne répond : « Il peut donc se sauver encore ! » Dieu nous aide !

XI

Le soir est beau, et le soleil encore éclatant. Le Roi Charles fait conduire à l'étable les dix mulets. Il fait dresser dans le grand verger une tente où sont hébergés les dix ambassadeurs ; il ordonne à douze valets de les servir. Les Sarrasins passent la nuit et restent jusqu'au grand jour. L'Empereur se lève de grand matin. Il entend messe et matines. Il va s'asseoir à l'ombre d'un pin, et fait appeler ses Barons pour tenir conseil avec eux, car il veut en toutes choses marcher d'accord avec les Français. Dieu nous aide !

XII

L'Empereur s'en va sous le pin, il mande ses Barons pour tenir conseil avec eux. Arrivent le duc Oger et l'archevêque Turpin, le vieux Richard et son neveu Henri, le preux comte Acelin de Gascogne, Thibauld de Reims et son cousin Milon, et Gérer et Gérin ; avec eux arrivent le comte Roland et le noble et preux Olivier. Il y a là plus de mille Français de France. Arrive Ganelon, qui trahira. Le conseil s'ouvre, dont l'issue sera funeste. Dieu nous aide !

XIII

« Seigneurs Barons, dit l'Empereur Charles, le Roi
« Marsille m'a envoyé ses ambassadeurs. Il me
« veut donner une grande part de ses trésors, ours
« et lions et lévriers en laisse, sept cents chameaux
« et mille autours déjà grands, quatre cents mulets
« chargés de l'or d'Arabie, avec plus de cinquante

« chars chargés de même. Mais il demande que je
« retourne en France ; il me rejoindra dans ma rési-
« dence d'Aix, il y recevra notre loi meilleure que la
« sienne ; devenu Chrétien, il tiendra de moi ses do-
« maines (1). Mais je ne sais pas quel est le fond de
« son cœur. » Et les Français de dire : « Il nous
« faut prendre garde ! » Dieu nous aide !

XIV

L'Empereur a fini d'exposer l'affaire. Le comte Roland, qui ne veut entendre à rien avec le Sarrazin, se lève vivement et vient repousser les propositions. Il dit au Roi : « Ne croyez pas aux promesses de
« Marsille ! Voilà sept ans que nous sommes en Es-
« pagne : je vous conquis et Constantinople et Com-
« mibles ; j'ai pris pour vous Valterne, et la terre de
« Pine, et Balaguer, et Tudèle, et Sicile. Le Roi Mar-
« sille ne vous a fait que trahison : il envoya quinze
« mille de ses païens, chacun portant une branche
« d'olivier et vous disant les mêmes paroles qu'au-
« jourd'hui ; vous prîtes le conseil de vos Français qui
« vous persuadèrent d'accorder quelque trêve. Vous
« envoyâtes au païen deux de vos comtes (l'un était
« Bazin et l'autre Bazile) : il les fit décapiter sur la

---

(1) Littéralement, « ses marches. »

« montagne de Haltilie. Poursuivez la guerre comme
« vous l'avez entreprise, conduisez votre armée (1) à
« Saragosse, faites-en le siége, s'il faut, toute votre
« vie, mais vengez ceux que le traître fit périr! »
Dieu nous aide !

XV

L'Empereur montre un visage rembruni, tourmente
sa barbe, tord sa moustache, et ne répond ni oui ni
non à son neveu. Tous les Français demeurent en silence, hormis Ganelon qui se lève et vient devant le
Roi, et lui fait d'un air superbe ses raisonnements :
« N'écoutez ni moi ni d'autres, n'écoutez personne,
« à moins qu'on vous parle pour votre avantage (2).
« Quand le Roi Marsille vous mande qu'il veut se
« rendre à mains jointes votre homme-lige et tenir
« toute l'Espagne comme un don de vous, et se sou-
« mettre à la loi que nous suivons, qui vous conseille
« de rejeter ces offres, ne se soucie guère, Sire, de
« quelle mort nous mourrons. Conseil d'orgueil, qui
« ne doit pas prévaloir! Laissons les fous, et tenons-
« nous aux sages. » Dieu nous aide !

(1) *Vostre ost bannie*. Littéralement : « Votre armée convoquée
par un *ban*. »
(2) M. Génin traduit ici : « Jamais n'escoutez nul vaurien, à

XVI

Alors Neimes s'avance pour parler au Roi, qui n'a pas de vassal plus fidèle : « Vous avez entendu l'avis « du comte Ganelon ? Il est plein de sagesse, si on « examine les choses attentivement. Le Roi Marsille, « vaincu par vos armes, a vu tous ses châteaux rasés, « ses remparts détruits par vos machines de guerre, « ses villes brûlées et ses troupes défaites. Quand il « vous demande d'avoir pitié de lui, qu'il vous offre « des otages pour sûreté, ce serait péché de vouloir « faire encore plus contre lui. Cette guerre terrible « ne doit pas être poussée plus loin. » Et les Français de dire : « Le duc a bien parlé. » DIEU NOUS AIDE !

XVII

« Seigneurs Barons, qui enverrons-nous à Sara-« gosse, au Roi Marsille ? » Le duc Neimes répond : « J'irai, si vous daignez m'en charger ; donnez-m'en « le gant et le bâton (1). » Le Roi répond : « Vous êtes

---

« peine qu'il vous en repente ! n'escoutez ni moi ni personne, « hormis que pour votre advantage. »

Où a-t-il vu *à peine qu'il vous en repente ?* Pas un mot du texte, je dis du texte donné par lui, ne répond à ces mots-là.

(1) Le gant et le bâton, représentation de la main de justice et du sceptre, sont deux symboles fort en usage dans les investitures, le bâton surtout, dont on a fait, outre le sceptre, la crosse de

« homme sage. Par ma barbe et par ma moustache,
« vous n'irez pas si loin de moi cette année. Allez
« vous asseoir quand nul ne vous semond. »

XVIII

« Seigneurs Barons, qui pourrons-nous envoyer au
« Sarrasin qui détient Saragosse ? » Roland répond :
« J'y peux bien aller. — Non ferez, certes ! dit le
« comte Olivier ; votre courage est trop fier et bouil-
« lant : vous vous feriez, j'en ai peur, quelque que-
« relle. Si le Roi le veut, j'y peux bien aller. » Le
Roi répond : « Taisez-vous tous deux ; ni vous ni
« lui n'y porterez les pieds. Par cette barbe que vous
« voyez blanchir, les douze pairs y seront mal venus. »
Les Français se taisent et se tiennent cois.

XIX

Turpin, l'Archevêque de Reims, s'est levé de son
rang et dit au Roi : « Laissez reposer vos Français :

l'Evêque, la baguette du majordome, la verge de l'huissier, et qui
est devenu, en gardant son nom, l'insigne du commandement pour
le maréchal de France.

Notre langue témoigne encore de l'ancienne importance du gant :
se donner les gants, marque toujours une prétention illégitime.

L'avocat élu par ses confrères pour être leur chef, ou plutôt leur
président, s'appelle toujours *bâtonnier*, encore qu'il n'ait plus de
bâton.

« depuis sept ans que vous êtes en ce pays, ils ont eu
« assez de peines et de fatigues. Donnez-moi, Sire,
« le bâton et le gant, et j'irai trouver ce Sarrasin
« d'Espagne, et connaître un peu l'air de son visage. »
L'Empereur lui répond d'un ton fâché : « Allez vous
« asseoir sur ce tapis blanc, et ne parlez plus, à moins
« que je vous l'ordonne. » DIEU NOUS AIDE !

XX

« Francs chevaliers, dit l'Empereur Charles, pou-
« vez-vous m'indiquer un Baron de mon domaine,
« pour porter mon message à Marsille ? » Roland lui
dit : « Celui qui convient, c'est Ganelon mon beau-
« père. » Les Français de dire : « Il s'en acquittera
« bien ! Si ce n'est pas lui que vous envoyez, ce ne
« pourra pas être un plus habile. » Mais le comte Ganelon tombe dans une grande angoisse. Il laisse cou-
ler de ses épaules son grand manteau de martre et
reste vêtu de sa cotte de soie (1). Il a les yeux vairs, le
visage plein de fierté, le corps bien pris, les flancs
puissants et larges. Tous ses pairs admirent combien

---

(1) *Bliaut.*

El cors delgat, graile e fresc e lis
Vi benestan en bliau.
BERTRAND DE BORN. *Ges de disnar.*

Sabon far un blizaut
O autre vestir benestan.
P. VIDAL. *Abril issic.*

il est beau. Mais il dit à Roland : « Fou que tu es,
« d'où te vient cette rage? On le sait bien, que je suis
« ton beau-père. Tu m'as proposé pour aller chez
« Marsille! Si Dieu permet que j'en revienne, je t'en
« garderai un souvenir qui ne finira qu'avec ta vie. »
Roland lui répond : « Orgueil et démence! On le sait
« bien, si j'ai souci des menaces! Mais il faut pour
« cette mission un homme habile. Si le Roi le veut,
« je suis prêt à partir à votre place. »

XXI

Ganelon répond : « Tu n'iras point à ma place : tu
« n'es pas mon homme-lige, et je ne suis pas ton sei-
« gneur. Si Charles me commande pour son service,
« j'irai trouver Marsille à Saragosse. Mais je veux
« attendre un peu, pour que ma colère s'apaise. »
Quand il entend cela, Roland se met à rire. DIEU
NOUS AIDE !

XXII

Quand Ganelon voit que Roland se rit de lui, il se
sent au cœur une violente colère, et peu s'en faut
qu'il ne perde le sens. Il dit au comte : « Ne comptez
« plus sur mon affection, après avoir fait tomber sur
« moi ce choix funeste. Juste Empereur, me voici

XXIII

« Je vois bien qu'il me faut aller à Saragosse. Et
« qui va là n'en peut revenir. Après tout, je suis le
« mari de votre sœur; j'ai d'elle un fils, le plus beau
« qui se puisse voir. C'est Beaudouin; qui promet
« d'être plus tard un preux. Je lui laisse mes fiefs et
« mes domaines. Veillez sur lui : mes yeux ne le ver-
« ront plus ! » Charles répond : « Vous avez le cœur
« trop tendre. Puisque je l'ordonne, il faut vous en
« aller. » Dieu nous aide !

XXIV

Le Roi dit encore : « Ganelon, approchez, et re-
« cevez le bâton et le gant. Vous l'avez entendu, ce
« sont les Français qui vous désignent. » — « Sire,
« dit Ganelon, c'est Roland qui a fait tout cela. Je ne
« le lui pardonnerai de ma vie, ni à Olivier qui est
« son compagnon, ni aux douze pairs qui n'aiment
« que lui. Je les défie tous, Sire, sous vos yeux. » Le
Roi lui dit : « Vous avez trop de rancune. Mais par-
« tirez-vous, quand je vous le commande ? » — « Je
« peux partir, mais sans protection : Bazile non plus
« n'en eut pas, ni son frère Bazin. »

XXV

L'Empereur lui tend le gant de sa main droite; mais le comte Ganelon voudrait être bien loin. Il veut prendre le gant, et le laisse tomber à terre. Les Français de dire : « Dieu! quel est ce présage? Il nous « adviendra de grands malheurs de cette ambassade. » — « Seigneurs, dit Ganelon, vous en entendrez par- « ler... Sire, dit-il à Charles, donnez-moi votre congé : « puisqu'il me faut partir, je ne veux pas attendre. » Le Roi lui dit : « Pour la gloire de Jésus-Christ et « pour la mienne! » De sa main droite il l'absout et lui donne le signe de la Croix, puis il lui remet le bâton et la lettre.

XXVI

Le comte Ganelon se rend à son hôtel, où il s'équipe avec la meilleure armure qu'il peut trouver. Il attache à ses pieds des éperons d'or. Il ceint à son côté Murgleis, sa bonne épée. Il monte sur Tachebrun, son destrier, tandis que l'étrier lui est tenu par son oncle Guinemer. Là vous verriez tant de chevaliers pleurer, qui tous lui disent : « Quel malheur sur vous, si « brave! Vous avez été longtemps à la cour du Roi, « où vous aviez conquis le renom de noble vassal.

« Charlemagne lui-même ne pourra pas bien protéger
« et défendre celui qui a fait tomber ce choix sur vous.
« Comment le comte Roland a-t-il eu la pensée de
« vous désigner, vous qui avez une si grande origine
« et une si haute parenté! » Et après, il lui demandent : « Sire, emmenez-nous. » Mais Ganelon leur
répond : « A Dieu ne plaise! Mieux vaut périr seul
« que d'entraîner dans ma perte tant de bons cheva-
« liers. Vous retournerez, seigneurs, dans notre doux
« pays de France; allez saluer de ma part ma femme
« et Pinabel, mon pair et mon ami, et Beaudoin, mon
« fils, que vous connaissez bien. Aidez-le et le tenez
« pour votre seigneur. » Il se met en route, et va où
le Roi l'envoie. Dieu nous aide !

XXVII

Ganelon chevauche; il rejoint les ambassadeurs sarrasins sous un grand olivier, car Blanchandrin a ralenti le pas pour l'attendre. Ils s'abordent avec des paroles pleines d'artifice. Blanchandrin dit à l'envoyé français :
« Quel homme merveilleux que ce Charles! Il a con-
« quis la Pouille et toute la Calabre. Il a passé la mer
« salée pour conquérir à saint Pierre le tribut de
« l'Angleterre. Mais que vient-il chercher dans notre
« pays? » Ganelon lui répond : « Telle est son hu-

XXVIII

Blanchandrin dit : « Les Français sont vraiment
« gentilshommes; mais ils font grand tort à leur sei-
« gneur, ces Ducs et ces Comtes qui lui donnent de
« tels conseils : ils tourmentent et ils désolent lui et
« les autres. » Ganelon répond : « En vérité, je n'en
« sais pas un qui mérite ce reproche, si ce n'est
« Roland, qui encore en aura honte. Hier matin,
« l'Empereur était assis à l'ombre dans une prairie,
« devant Carcassonne ; arrive son neveu, vêtu de sa
« cuirasse et tenant à la main une pomme vermeille :
« Tenez, beau Sire, dit Roland à son oncle, je vous
« offre les couronnes de tous les Rois de la terre. Mais
« son orgueil le devrait bien confondre, car chaque
« jour il s'expose à la mort. Vienne le coup qui le
« tuera, et nous jouirons d'une paix profonde »
Dieu nous aide !

XXIX

Blanchandrin dit : « Roland est bien cruel, qui veut
« réduire toutes les nations et mettre tous les pays en
« guerre. Sur quelle nation compte-t-il pour faire de

« tels exploits? » — « Il compte, répond Ganelon, sur
« les Français qui l'aiment tant que jamais ils ne lui
« feront faute. Ils ont par lui tant d'or et tant d'ar-
« gent, et mulets, et destriers, et vêtements de soie,
« et vêtements de fer! L'Empereur lui-même doit tout
« à sa valeur. Roland lui fera la conquête du monde
« d'ici jusqu'en Orient! » DIEU NOUS AIDE !

XXX

Tout en chevauchant, Blanchandrin et Ganelon s'engagent l'un à l'autre leur foi de travailler à la mort de
Roland. Et tant ils chevauchent par voies et par chemins, qu'enfin à Saragosse ils mettent pied à terre
sous un if. A l'ombre d'un pin est un fauteuil recouvert d'un satin d'Alexandrie. Là est le Roi qui a
l'Espagne sous son pouvoir. Vingt mille Sarrasins
l'entourent, dont pas un ne dit ni ne souffle mot,
dans l'attente des nouvelles qu'ils voudraient déjà
connaître et qu'apportent Ganelon et Blanchandrin.

XXXI

Blanchandrin, tenant le comte Ganelon par la main,
s'avance aux pieds de l'Empereur et lui dit (1) : « Que

(1) M. Génin traduit : « Alors paroist Blancandrin; s'avance aux
« pieds de l'Empereur, tenant par le poing le comte-Ganelon,

« Mahomet et Apolin, dont nous tenons les saintes
« lois, vous protégent! Nous avons fait votre message
« à Charles, qui a levé ses deux mains en l'air, louant
« son Dieu et sans faire d'autre réponse. Mais il vous
« envoie un homme à lui, un noble Baron, l'un des
« plus considérables de France. Vous allez savoir de
« lui si vous aurez la paix ou la guerre. » Et Marsille de dire : « Qu'il parle, nous l'écoutons. » Dieu nous aide !

XXXII

Le comte Ganelon, après s'être bien recueilli, commence à parler avec une grande adresse, comme un habile homme, et dit au Roi : « Que le Dieu de
« gloire, que nous devons tous adorer, vous protége !
« Voici ce que vous mande le puissant Charlemagne :
« Vous recevrez la sainte loi de Jésus-Christ, et la
« moitié de l'Espagne vous sera donnée à fief. Si vous
« ne voulez pas accepter cet accord, vous serez pris
« de force et garrotté, amené au siége de l'Empire, à
« Aix-la-Chapelle, et là un jugement finira vos jours,
« et votre mort sera pleine de honte et d'ignominie. »

« lequel dit au Roi Marsille... » Le traducteur semble ainsi dire que c'est Ganelon qui parle à Marsille, tandis que c'est Blanchandrin.

Le Roi Marsille, tremblant d'effroi (1), lève le javelot à la pointe d'or qu'il tient à la main, et il en percerait Ganelon, si ceux qui l'entourent ne retenaient son bras. Dieu nous aide !

XXXIII

Le Roi Marsille a changé de couleur, et son javelot lui tremble dans la main. A cette vue, Ganelon porte la main à son épée ; il en tire du fourreau la longueur de deux doigts, et lui dit : « Ma belle et glorieuse « épée, tant que je vous porterai à mon côté en la « cour de ce Roi, jamais l'Empereur de France ne « pourra dire que j'aie péri seul sur la terre étran- « gère ; auparavant, le sang des meilleurs vous aura « payée. » Et les païens de dire : « Empêchons-les de « se battre. »

XXXIV

Les prières et les instances des principaux Sarrasins ont fait rasseoir Marsille sur son fauteuil. Le Calife lui dit : « Vous avez mal conduit nos affaires, en « voulant frapper le Français ; vous le deviez écouter « et ouïr. » — « Sire, dit Ganelon, cela ne m'a point

---

(1) *Mult esfreed.*
M. Génin traduit : « Troublé de fascherie. »

« offensé. Mais, pour tout l'or que Dieu fit et pour
« toutes les richesses de ce pays, je ne renoncerai pas
« à lui (1) dire, si je n'en suis empêché, ce que Char-
« lemagne, le puissant Roi, mande par ma bouche à
« son mortel ennemi. » Ganelon est couvert d'un
manteau de martre zibeline, garni de satin d'Alexandrie. Il le jette à terre, et Blanchandrin le ramasse.
Mais il ne veut pas se défaire de son épée; il en tient
dans sa main droite la poignée dorée. Et les païens de
dire : « C'est un noble Baron ! » DIEU NOUS AIDE !

XXXV

Ganelon s'approche du Roi et lui dit: « A tort
« vous vous emportez, quand Charles qui règne sur
« la France vous mande de recevoir la loi des Chré-

---

(1) *Lui* se rapporte au Roi Marsille. C'est au Calife que Ganelon
s'adresse en ce moment. Tout à l'heure il va répondre au Roi
païen. Si, parlant au Calife, il l'appelle *Sire*, c'est que cette ap-
pellation, réservée aux Souverains depuis le seizième siècle, était
jusque-là donnée indistinctement à tous les personnages de quelque
importance. On a vu même, jusqu'à la Révolution de 1789, quelques grands seigneurs conserver ce titre. Ainsi MM. de Mesmes
étaient « sires de Gramayel et de Brie-Comte-Robert. » *Sire*, qui
vient du grec Κύριος, n'est que l'ancienne forme du mot *Seigneur*.
Nous donnons à Dieu le nom de *Seigneur*, nos pères l'appelaient
Sire : c'est la même chose.

On appelle encore familièrement un mari le seigneur et maître
de sa femme. Bramidonie dira tout à l'heure (stance XLIX), sans
qu'il y ait dans sa parole cette petite pointe d'ironie qu'il y aurait

« tiens. Il veut vous donner la moitié de l'Espagne à
« fief et donner l'autre moitié à son neveu Roland: un
« arrogant compagnon que vous aurez là! Si vous ne
« voulez accepter cet accord, vous serez assiégé dans
« Saragosse, pris de force et garrotté, conduit en
« France, au siége de l'Empire, à Aix-la-Chapelle.
« Là, vous n'aurez palefroi, ni destrier, ni mule, ni
« mulet pour pouvoir chevaucher; vous serez jeté sur
« un mauvais sommier et condamné par jugement à la
« décollation. Voilà le bref de notre Empereur. » Et

aujourd'hui dans la bouche d'une femme disant la même chose :
« Mon seigneur et tous ses hommes vous ont en grande estime : »

Car mult vos priset mi sire et tuit si hume.

Sire était alors un des titres du mari. Et Bramidonie eût encore parlé de même si Marsille n'eût pas été Roi.

Il faut se pénétrer des vieilles croyances et des vieilles idées pour comprendre les vieux temps et traduire les vieux auteurs. L'érudition toute seule ne suffit pas. Personne n'a mieux connu que M. Génin les *variations du langage françois*. Et cependant que de contre-sens dans sa traduction de Théroulde! Ici, par exemple, il traduit : « Que jo ne li die, » par : « Que je ne die à Vostre Majesté. » Et ce contre-sens en amène un autre deux vers plus bas. Dans la version de M. Génin, Ganelon appelle Charlemagne le mortel ennemi de Marsille, ce qui est absurde dans la bouche d'un envoyé de Charlemagne à Marsille, et d'un envoyé qui n'est point porteur d'une déclaration de guerre. Mais on comprend très-bien que Ganelon appelle Marsille le mortel ennemi de Charlemagne, au moment où Marsille vient de lever son javelot pour tuer le représentant de Charlemagne.

disant cela, il mettait la lettre dans la main droite du
païen.

XXXVI

Marsille, rouge de colère, brise le sceau, en jette
la cire, et ayant parcouru d'un regard les choses contenues dans le bref : « Charles, qui tient la France
« sous sa loi, me mande de me souvenir de sa dou-
« leur et de sa colère. Il veut parler de Bazin et de
« son frère Bazile, dont j'ai fait tomber les têtes au
« mont de Haltilie. Si je veux sauver la vie de mon
« corps, il faut que je lui envoie mon oncle le calife;
« sinon, point d'amitié. » Le fils du Roi dit alors à
son père : « Ganelon a parlé comme un fou. Livrez-le-
« moi, j'en ferai justice. » Quand il entend ces mots,
Ganelon brandit son épée, et il va s'adosser à la tige
d'un pin.

XXXVII

Le Roi est descendu dans le verger, emmenant
avec lui ses meilleurs hommes. Blanchandrin, à la tête
blanche, vient l'y trouver, et Jurfaleu, le fils et l'héritier de Marsille, et le calife, son oncle et son fidèle.
Blanchandrin dit : « Appelez le Français; il m'a engagé
« sa foi d'agir pour nous. » Le Roi lui répond :
« Amenez-le vous-même. » Blanchandrin prend Gane-

lon par un doigt de la main droite et l'amène au Roi dans le verger. Là ils trament la trahison déloyale. DIEU NOUS AIDE !

XXXVIII

« Beau sire Ganelon, lui dit Marsille, j'ai été un
« peu trop vif avec vous quand j'ai voulu vous frap-
« per dans ma colère. Je veux vous offrir, pour répa-
« ration, ces fourrures de martre zibeline ; c'est la
« valeur en or de plus de cinq cents livres. Demain,
« avant qu'il soit nuit, je vous aurai fait une répara-
« tion encore plus belle. » Ganelon répond : « Je ne
« la refuse point. Que Dieu, s'il lui plaît, vous en
« donne belle récompense ! » DIEU NOUS AIDE !

XXXIX

Marsille lui dit : « Ganelon, tenez pour vrai que je
« suis disposé à vous aimer beaucoup. Je veux vous
« entendre parler de Charlemagne : il est si vieux ! Il
« a fini son temps. Si je ne me trompe, il a deux cents
« ans passés. Il a démené son corps par tant de pays !
« Il a paré tant de coups sur son écu bouclé (1) ! Il a ré-

---

(1) *Escut bucler.*

La *bucle* (*bucler* est l'adjectif) ou *bloca*, syncope de *buccula*, est ce cône placé au centre de l'écu et terminé par une pointe aiguë. De là l'expression *escut bucler*. Puis l'épithète a pris la place du substantif qu'elle a fait disparaitre, et l'écu s'est appelé *bouclier*.

« duit tant de Rois magnifiques à la mendicité ! Quand
« donc sera-t-il las de faire la guerre? » Ganelon répond : « Charles n'est pas ce que vous croyez. Nul ne
« peut le voir et le connaître sans dire que l'Empereur
« est vaillant. Je ne vous le saurais tant louer ni van-
« ter qu'il n'y ait en lui encore plus d'honneur et de
« bonté. Qui pourrait raconter sa valeur incompa-
« rable! Dieu l'a entouré d'une noblesse si brillante,
« qu'il vaudrait mieux mourir que de déserter son
« Baronnage. »

XL

Le païen dit : « Je ne peux assez admirer ce
« Charlemagne qui est vieux et chenu. Si je ne me
« trompe, il a deux cents ans et davantage. Il a remué
« son corps par tant de pays ! Il a tant pris de coups
« de lance et d'épieu ! Il a réduit tant de Rois magni-
« fiques à la mendicité ! Quand donc sera-t-il las de
« faire la guerre ? » — « Jamais, dit Ganelon, tant que
« vivra son neveu. Il n'y a point de vassal pareil sous
« la chape du ciel. C'est encore un vaillant preux que
« son compagnon Olivier. Les douze pairs, si chers à
« Charlemagne, sont l'avant-garde de vingt mille che-
« valiers. Bien tranquille est Charles, qui n'a per-
« sonne à craindre ! » Dieu nous aide !

XLI

Le païen dit : « J'admire Charlemagne, qui est
« blanc et chenu. Si je ne me trompe, il a plus de
« deux cents ans. Il est allé par tant de pays en con-
« quérant ! Il a pris tant de coups de bons épieux
« tranchants ! Il a vaincu ou tué sur les champs de
« bataille tant de Rois superbes ! Quand donc sera-t-il
« las de faire la guerre ? » — « Jamais, dit Ganelon,
« tant que Roland vivra. Il n'y a point de vassal pa-
« reil d'ici jusqu'en Orient. C'est encore un vaillant
« preux que son compagnon Olivier. Les douze pairs,
« si chers à Charlemagne, sont l'avant-garde de vingt
« mille Français. Bien tranquille est Charles, qui ne
« craint homme vivant. » Dieu nous aide !

XLII

« Beau sire Ganelon, dit le Roi Marsille, j'ai mon
« armée : vous n'en verrez pas de plus belle. Je peux
« avoir quatre cent mille chevaliers ; je peux combattre
« Charles et les Français. » Ganelon répond : « N'ayez
« pas cette confiance. Vous perdriez grand nombre
« de vos païens. Laissez la témérité folle, tenez-vous-
« en au savoir-faire. Donnez à l'Empereur tant de
« richesses, que tout Français en soit émerveillé. Sur

« la foi de vingt otages que vous lui enverrez, le Roi
« s'en retournera dans le doux pays de France, lais-
« sant après lui son arrière-garde, où seront, je le
« crois bien, son neveu le comte Roland, et Olivier,
« le preux et le courtois. Ils sont morts, si l'on veut
« m'écouter. Charles verra tomber son orgueil su-
« perbe, et il n'aura plus l'envie de vous faire jamais
« la guerre. » DIEU NOUS AIDE !

XLIII

« — Beau sire Ganelon, que Dieu vous bénisse !
« Par quel moyen pourrai-je tuer Roland ? » Ganelon
répond : « Je saurai bien vous le dire. Le Roi sera
« dans les grands défilés de Cisaire, ayant derrière lui
« son arrière-garde, où sera son neveu Roland le
« superbe et Olivier en qui tant il se fie. Ils condui-
« sent avec eux vingt mille Français. Faites marcher
« contre eux cent mille de vos païens qui d'abord
« leur livrent une bataille où ceux de France sont
« blessés et tués. Je ne dis pas pour cela qu'il y ait
« un grand massacre des vôtres (1). Vous livrerez de

---

(1) M. Génin suppose deux négations où Théroulde n'en a mis
qu'une seule. Cela produit un contre-sens. Ganelon veut rassurer
Marsille : « Je ne dis pas pour cela qu'il y ait un grand massacre
« des vôtres. » M. Génin lui fait dire au contraire : « Je ne pré-
« tends pas pour cela qu'il N'y ait massacre des vôtres. » Tout

« même une autre bataille. N'importe dans laquelle,
« Roland y restera. Ainsi vous aurez accompli un
« brillant fait d'armes, et de toute votre vie vous
« n'aurez plus de guerre.

XLIV

« Car qui pourrait faire que Roland y fût tué ferait
« perdre à Charles le bras droit de son corps. Ce
« serait la fin de ses merveilleux bataillons. Charles
« n'assemblerait plus jamais de si puissantes forces.
« Et le Grand Pays (1) demeurerait en repos. »

Quand Marsille entend cette promesse, il saute au cou de Ganelon et l'embrasse ; puis il commence par faire venir son trésorier. Dieu nous aide !

XLV

Marsille dit à Ganelon (pourquoi tarderais-je plus à le redire ?) : « Il n'est preux conseiller dont il ne faille
« une assurance ; jurez-moi, s'il y est, que vous le tra-
« hirez. » Ganelon lui répond : « Qu'il en soit selon

---

en proclamant la valeur des Français, Ganelon peut bien promettre à Marsille qu'il n'y aura pas grand massacre des Sarrasins quand il lui recommande d'envoyer cent mille hommes contre vingt mille.

(1) La France.

« votre plaisir. » Sur les reliques de son épée Murgleis, il jure la trahison. Et le forfait est consommé ! Dieu nous aide !

XLVI

Un fauteuil d'ivoire se trouve là. Marsille fait apporter devant lui un livre où est écrite la loi de Mahomet et de Tervagant. Sur ce livre, le Sarrasin d'Espagne fait le serment, s'il trouve Roland à l'arrière-garde, de le combattre avec tous ses hommes, et, s'il se peut, jusqu'à la mort. Ganelon lui répond : « Que votre commandement soit béni ! » Dieu nous aide !

XLVII

Alors s'avance un païen, Valdabron, qui éleva le Roi Marsille. D'un visage ouvert et riant, il dit à Ganelon : « Prenez mon épée, personne n'en a une « meilleure. La garde en vaut plus de mille mangons. « Par amitié, beau sire, je vous la donne, pour que « vous nous aidiez contre Roland le baron, que nous « puissions le trouver dans l'arrière-garde. » — « Bien « sera fait, » lui répond le comte Ganelon. Puis ils se baisent à la joue et au menton.

XLVIII

Vient ensuite un païen, Climorins, qui, d'un visage ouvert et riant, dit à Ganelon : « Prenez mon heaume, « jamais je n'en vis un meilleur. Aidez-nous contre « Roland le marquis ; procurez-nous le moyen de le « couvrir d'opprobre. » — « Bien sera fait, » lui répond Ganelon. Puis ils se baisent à la bouche et à la joue. Dieu nous aide !

XLIX

Alors vient la Reine Bramidonie : « Je vous aime « beaucoup, sire, dit-elle au comte, car mon seigneur « et tous ses hommes vous ont en grande estime. A « votre femme j'enverrai ces deux bracelets : voyez « que d'or, d'améthystes et de jacinthes ! Tous les « trésors de Rome ne valent pas autant. Votre Empe- « reur n'en eut jamais d'aussi riches. » Ganelon les prend et les met dans sa botte. Dieu nous aide !

L

Le Roi appelle Mauduit, son trésorier : « Les pré- « sents pour Charles sont-ils prêts ? » Et Mauduit répond : « Oui, Sire, tout est prêt : sept cents cha-

« meaux chargés d'or et d'argent, et vingt otages les
« plus nobles qu'il y ait sous le ciel. » DIEU NOUS AIDE !

LI

Marsille prend Ganelon par l'épaule et lui dit : « Vos
« paroles sont belles et sages. Mais, par cette loi que
« vous tenez pour meilleure que la nôtre, gardez-vous
« de changer envers nous. Je veux vous faire de mes
« richesses une large part. Jamais année ne se passera
« sans que je vous donne dix mulets chargés de l'or le
« plus fin d'Arabie. Prenez les clefs de cette opulente
« cité, offrez-en tous les trésors au Roi Charles. Mais
« faites-moi donner l'arrière-garde à Roland. Si je
« peux le trouver dans un passage ou dans un défilé,
« je lui livrerai un combat mortel ! » Ganelon répond :
« M'est avis que je tarde trop. » Il monte à cheval et
se met en route. DIEU NOUS AIDE !

LII

L'Empereur approche de son royaume. Déjà il est
arrivé à Gauna, la cité que le comte Roland a prise et
démantelée. (Il y a cent ans de cela, et elle est restée
déserte.) C'est là que le Roi attend des nouvelles de
Ganelon, et le tribut d'Espagne la grand'terre. Le

matin, aux premiers feux du jour, le comte Ganelon arrive au camp. Dieu nous aide !

LIII

L'Empereur s'est levé de bon matin; il a entendu messe et matines. Il est sur l'herbe verte, devant sa tente. Roland est avec lui, et le brave Olivier, et le duc Neimes et bien d'autres. Ganelon arrive, le fourbe, le parjure ! Il commence par des paroles pleines d'artifice, et dit au Roi : « Que Dieu vous bénisse ! Je
« vous apporte ici les clefs de Saragosse ; je vous en
« fais amener de grandes richesses et vingt otages;
« faites-les bien garder. C'est le brave Roi Marsille
« qui vous les envoie. Vous n'avez pas de reproches à
« lui faire à propos du Calife, car j'ai vu de mes yeux
« trois cent mille hommes armés, vêtus de leurs hau-
« berts, quelques-uns couverts de heaumes, ceints de
« leurs épées à la garde d'or niellé, qui se sont embar-
« qués avec le Calife sur la mer. Ils ne voulaient plus
« vivre sous Marsille et venaient se réfugier au milieu
« des Chrétiens. Ils n'étaient pas à quatre lieues du
« bord, qu'ils furent assaillis par une tempête furieuse.
« Ils furent engloutis, et jamais vous ne les verrez.
« Si un seul avait survécu, je vous l'aurais amené. Et
« quant au Roi païen, tenez pour assuré, Sire, que
« vous ne verrez point passer ce premier mois qu'il ne

« vous suive au royaume de France, pour y recevoir
« notre loi chrétienne. Il vous rendra hommage ses
« deux mains dans les vôtres, et tiendra de vous
« le royaume d'Espagne. » — « Que Dieu en soit
« loué ! dit le Roi. Vous vous en êtes bien tiré, vous
« en aurez un grand profit. »

Mille clairons sonnent parmi l'armée ; les Français
lèvent le camp. On charge les chevaux de somme, et
tous s'acheminent vers le doux pays de France. DIEU
NOUS AIDE !

LIV

Charles le Grand a dévasté l'Espagne ; il en a pris
les châteaux et forcé les villes. Le Roi déclare la
guerre finie, et dirige sa grande armée vers le doux
pays de France. Le preux Roland plante au front
d'une montagne son étendard qui flotte sur le ciel.
Les Français se campent par toute la contrée.

Les païens chevauchent dans les profondeurs de ces
vallées, vêtus de leurs hauberts, couverts de leurs
heaumes, l'épée au côté, l'écu au cou, les lances bien
fourbies, les étendards bien attachés. Ils s'embusquent là-haut, le soir, dans un bois. Quatre cent mille
hommes attendent là le lever du jour.

Dieu ! quel malheur que les Français n'en sachent
rien ! DIEU NOUS AIDE !

CHANT II

LA BATAILLE

ARGUMENT

Deux songes de Charlemagne. — Il consulte ses Barons pour savoir à qui donner son arrière-garde. — Ganelon désigne Roland. — Colère de Roland. — Charlemagne lui donne l'arc. — Composition de l'arrière-garde. — Angoisse de Charlemagne. — Marsille, après avoir rassemblé son armée, se met en marche contre l'arrière-garde de Charlemagne. — Ceux-ci entendent le bruit de l'armée sarrasine. — Olivier monte sur un grand pin et voit cette troupe immense de païens. — Il demande à Roland de sonner son oliphant pour faire revenir Charlemagne : refus de Roland. — L'Archevêque Turpin promet le Paradis à ceux qui vont mourir, il les absout et, pour pénitence, leur commande de bien frapper. — Portrait de Roland. — Les armées s'abordent. — Combat d'Aelroth et de Roland, mort d'Aelroth. — Combat de Falsaron et d'Olivier, mort de Falsaron. — Combat de Corsablix et de Turpin, mort de Corsablix. — Mort de Mauprimes de Brigaut, de l'Émir, de l'Aumacour, de Turgis de Tourtelouse, d'Escremiz de Vauterne, d'Estorgant et d'Astramariz. — Combat de Roland et de Chernuble, mort de Chernuble. — Olivier tue Fanseron, Turgis, Estragus et Justin de Val-Ferrée. — Mort de Timozel, d'Esprevaris et de l'enchanteur Siglorel. — La France est désolée par une tourmente effroyable, présage de la mort de Roland. — Arrivée de Marsille. — Combat d'Abîme et de l'Archevêque Turpin, mort d'Abîme. — Turpin retient ceux qui allaient fuir et leur promet la mort et le Paradis. — Combat de Climborin et d'Angelier, mort d'Angelier. — Olivier le venge et tue le païen. — Olivier tue le duc Alphaïen, Escababis et sept Arabes. — Valdabron tue le duc Sanche. — Olivier le venge et tue Valdabron. — Maucuidant tue le comte Anséis. — L'Archevêque Turpin le venge et tue Maucuidant. — Grandogne tue Gérin et Gérer, et Bérenger, et Guy de Saint-Antoine, et le duc Austore. — Rencontre de Roland et de Grandogne, effroi de Grandogne et sa mort. — Les Sarrasins sont en fuite.

CHANT II

LA BATAILLE

I

Le jour a fui, la nuit est noire. Charles s'endort, le puissant Empereur. Il se voit en songe aux défilés de Cisaire. Il tient entre les mains sa lance de bois de frêne. Le comte Ganelon la lui prend, la secoue et la brandit si fort que jusqu'au ciel en volent les éclats. Charles dort si bien qu'il ne s'éveille pas.

II

Après celle-là, il rêve une autre vision. Il est en France, à sa Chapelle, à Aix. Un sanglier méchant lui mord le bras droit. Du côté des Ardennes, il voit venir un léopard qui l'attaque très-rudement. De l'intérieur du palais s'élance un lévrier qui vient à Charles, sautant et bondissant. Il arrache d'abord l'oreille droite du sanglier, puis se jette furieux sur le léopard. Les Français disent : « Quelle grande ba-« taille ! » Mais ils ne savent lequel la gagnera. Charles dort si bien qu'il ne s'éveille pas. DIEU NOUS AIDE !

III

L'ombre a fui, et l'aube blanche apparaît. L'Empereur monte à cheval et promène un regard de fierté sur son armée. « Seigneurs Barons, dit l'Em-« pereur Charles, voyez ces défilés et ces étroits pas-« sages : à qui me conseillez-vous de donner l'arrière-« garde ? » Ganelon répond : « A mon beau-fils « Roland. Vous n'avez point de Baron de si rare « vaillance. » A ce mot, le Roi le regarde durement et lui dit : « Vous êtes un vrai diable ! Quelle mortelle « rage vous est entrée au corps ? Et qui fera devant

« moi l'avant-garde ? » Ganelon répond : « Ogier de
« Danemark. Vous n'avez point de Baron qui puisse
« s'en acquitter mieux. » Dieu nous aide !

IV

Le comte Roland, qui s'entend ainsi reléguer à l'arrière-garde, parle en chevalier : « Sire beau-père,
« que ne vous dois-je pas d'avoir demandé pour moi
« l'arrière-garde ! Mais Charles, le Roi de France,
« n'y perdra rien, j'en réponds ! Il n'y perdra ni palefroi ni destrier, ni mule ni mulet chevauchable,
« ni roussin ni sommier, dont nos épées n'aient auparavant fait payer la valeur ! »

Ganelon répond : « Vous dites vrai, je le sais
« bien ! » Dieu nous aide !

V

Quand Roland voit qu'il est à l'arrière-garde, il
parle plein de colère à son beau-père : « Ah ! misé-
« rable ! fils de race maudite ! tu te figurais que le
« gant me tomberait des mains comme à toi le bâton
« devant Charles ! » Dieu nous aide !

VI

« Droit Empereur, dit le Baron Roland, donnez-
« moi l'arc que vous tenez au poing. Je suis bien sûr
« au moins que je n'aurai pas l'affront de le laisser
« choir comme il advint à Ganelon quand sa main
« reçut le bâton. »

L'Empereur rembrunit son visage, tourmente sa barbe et tord sa moustache, et ne peut retenir ses larmes.

Arrive le duc Neimes, le meilleur vassal qui soit à la cour. Il dit au Roi : « L'avez-vous entendu? Le
« comte Roland est dans une grande colère. L'arrière-
« garde lui est adjugée ; vous n'avez Baron pour la
« conduire mieux. Donnez-lui l'arc que vous avez
« tendu. Et trouvez-lui qui le seconde bien. »

Le Roi lui donne l'arc, et Roland le reçoit.

VII

L'Empereur appelle son neveu Roland : « Beau
« sire neveu, savez-vous ce que je vais faire? Je vais
« vous donner la moitié de mon armée. Prenez-la,
« c'est votre salut ! — Je n'en ferai rien ! lui dit
« Roland. Dieu me confonde si je démens ma race !
« Je garde avec moi vingt mille vaillants Français.

« Passez les défilés avec assurance; et, moi vivant,
« ne craignez personne ! »

VIII

Le comte Roland monte sur son destrier. A lui se joint Olivier, son compagnon, et Gérin, et le preux comte Gérer, et Josse, et Bérenger, et Jastor, et le vieil Anséis, et le fier Gérard de Roussillon, et le riche duc Gaifier. « Par mon chef! dit l'Archevêque Turpin, « j'irai aussi. — Et je vais avec vous, dit le comte « Gautier : je suis l'homme de Roland, je ne lui dois « faillir ! » Et vingt mille chevaliers se désignent ainsi. DIEU NOUS AIDE !

IX

Le comte Roland appelle Gautier de Luz : « Pre- « nez mille Français de France notre terre; occupez « les monts et les défilés, si bien que l'Empereur n'y « perde pas un des siens. » Gautier répond : « Pour « vous je veux bien faire ! » Avec mille Français de leur terre de France, Gautier se jette sur les défilés et les monts. Si mauvaises nouvelles qui arrivent, il n'en descendra pas avant d'avoir tiré sept cents épées. Le Roi Almaris, du pays de Belferne, leur livra bataille ce jour-là même !

X

Hauts sont les pics, et ténébreuses les vallées, et noirs les rochers, et les défilés profonds. Les Français passent ce jour-là dans une sombre tristesse. Le bruit de leurs pas s'entend de quinze lieues !

Mais ils approchent de la mère patrie (1), ils voient la Gascogne, domaine de leur seigneur. Il leur souvient de leurs fiefs, de leurs biens, de leurs enfants et de leurs nobles épouses. Il n'en est pas un qui ne pleure d'attendrissement. Mais sur tous les autres Charles est plein d'angoisse : il a laissé son neveu au pays d'Espagne; dans sa douleur, il ne peut retenir ses larmes. DIEU NOUS AIDE !

XI

Les douze pairs sont restés en Espagne. Ils ont avec eux vingt mille Français qui ne craignent point la mort.

L'Empereur s'achemine vers la France, cachant sous son manteau son visage baigné de larmes. Le duc Neimes chevauche à côté de lui et dit au Roi : « Qu'est-ce qui vous afflige ? » Charles répond : « Il « me fait tort, qui peut me le demander ! Dans un si

(1) *La Tere majur.*

« grand deuil, puis-je ne pas gémir? Par Ganelon la
« France sera détruite. Un Ange cette nuit m'est ap-
« paru, qui me l'a fait voir brisant ma lance entre
« mes mains. C'est lui qui m'a fait mettre Roland à
« l'arrière-garde. Il me l'a fait laisser en un étrange
« pays! Mon Dieu! si je le perds, nul ne me le rem-
« placera! » Dieu nous aide!

XII

Le grand Charles ne peut retenir ses larmes. Cent mille Français s'attendrissent avec lui et sont pleins de frayeur pour Roland. Ganelon le félon en a fait trahison : il a reçu du Roi païen de grands présents, de l'or et de l'argent, des draps de soie et des robes à la bordure d'or, des mulets et des chevaux, des chameaux et des lions.

Marsille mande les Barons d'Espagne, les comtes, vicomtes et ducs et aumacours (1), les émirs (2) et les fils de sénateurs. En trois jours il en rassemble quatre cent mille. Il fait battre le tambour dans Saragosse. Il fait exposer sur la plus haute tour l'image de Mahomet : il n'est païen que cette vue n'enflamme. Puis ils chevauchent tous en grande hâte, à travers la

---

(1) *Aumacurs*. Titre de dignité répondant à celui de connétable.
(2) *Amirafles*.

Cerdagne, et les vaux et les monts. Ils voient les gonfanons de France et l'arrière-garde des douze compagnons. Marsille ne les laissera point sans leur livrer bataille.

XIII

Le neveu de Marsille arrive sur un mulet qu'il touche d'un bâton. « Beau Sire Roi, dit-il à son
« oncle d'un air joyeux, je vous ai tant servi ! j'ai eu
« pour vous tant de labeurs et de fatigues ! j'ai livré
« tant de combats et remporté tant de victoires !
« Accordez-moi pour ma récompense l'honneur d'a-
« battre Roland. Je le tuerai de mon épieu tranchant,
« si Mahomet veut m'assister. Je délivrerai toutes
« vos provinces d'Espagne depuis les défilés jusqu'à
« Durestant. Charles se lassera, les Français se re-
« butteront. Vous serez délivré de la guerre pour le
« reste de vos jours ! »

Le Roi Marsille lui en accorde le gant. Dieu nous aide !

XIV

Le neveu de Marsille, la main couverte du gant, dit à son oncle d'un ton fier : « Beau Sire Roi, vous
« m'avez fait une grande faveur. Choisissez-moi onze

« de vos Barons ; je combattrai les douze pairs de
« France (1) ! »

Fanseron, le frère du Roi Marsille, répond tout le premier : « Beau sire neveu, vous et moi nous irons
« et nous la livrerons, cette bataille ! L'arrière-garde
« de la grande armée du Roi Charles, nous la détrui-
« rons (2) ! » Dieu nous aide !

XV

Le Roi Corsalis vient d'autre part. Il est de Barbarie et rempli d'astuce. Il parle en bon soldat, car pour tout l'or du monde il ne voudrait se montrer couard.

Voici, piquant des deux, Mauprimis de Brigaut, plus prompt à la course qu'un cheval. Il crie bien haut devant Marsille : « J'irai de ma personne à Ron-
« cevaux. Si je trouve Roland, c'est fait de lui ! »

XVI

Arrive l'Émir de Balaguer, bien fait de corps, fier et beau de visage, tout glorieux de porter ses armes, monté sur son cheval. Il est fameux par sa bravoure.

(1) *Cumpaignuns !*
(2) *Ocirum.*

Il serait assez noble s'il était Chrétien. Il s'écrie devant Marsille : « J'irai jouer mon corps à Roncevaux ;
« si je trouve Roland, ce sera sa fin, et celle d'Oli-
« vier, et celle des douze pairs ! Les Français y péri-
« ront ! Quel deuil ! quelle honte ! Charlemagne est
« vieux et il radote. Il est fatigué de faire la guerre,
« et il nous laissera notre Espagne en repos. »

Le Roi Marsille le remercie beaucoup. Dieu nous aide !

XVII

Un aumaçour de Maurienne, le plus félon du pays d'Espagne, vient faire le fanfaron devant Marsille :
« Je conduirai ma compagnie à Roncevaux : quinze
« mille hommes armés d'écus et de lances. Si je
« trouve Roland, je le garantis mort ! Charles ne pas-
« sera plus un jour sans le pleurer ! » Dieu nous aide !

XVIII

D'autre part est Turgis de Tourtelouse (il en est le comte et le seigneur) ; il veut faire des Chrétiens un affreux carnage. Il vient se joindre aux autres devant Marsille et dit au Roi : « Ne vous tourmentez point ;
« Mahomet est plus fort que saint Pierre de Rome ;
« si vous le servez, l'honneur de la bataille nous res-

« tera ! Je vais à Roncevaux joindre Roland : per-
« sonne ne peut le sauver de la mort. Voyez ma lame :
« elle est longue et bonne. Je la mesurerai contre sa
« Durandal, et vous entendrez assez dire laquelle des
« deux est la plus longue ! Les Français sont morts
« s'ils tombent dans nos mains. Le vieux Charles,
« plongé dans le deuil et dans la honte, jamais plus
« ici-bas ne portera couronne. »

XIX

D'autre part est Ecremis de Vauterne. Il est Sarrasin et seigneur de sa terre. Il s'écrie devant Marsille, au milieu de la foule : « A Roncevaux, je vais
« abattre l'orgueil ! Si j'y trouve Roland, il n'en rap-
« portera point sa tête ; ni Olivier qui commande
« aux autres. Les douze pairs sont tous jugés à mort !
« Les Français mourront, et la France sera déserte.
« Charles sera dépourvu de soldats vaillants. » DIEU NOUS AIDE !

XX

D'autre part est un païen, Esturganz ; Estramariz, son compagnon, est avec lui : tous deux félons et fourbes et traîtres. « Seigneurs, approchez-vous, leur
« dit Marsille. Vous irez à Roncevaux, au passage

« des défilés ; et vous m'aiderez à conduire ma troupe.
« — Nous vous obéirons, répondent-ils. Nous irons
« assaillir Olivier et Roland. Rien ne sauvera de la
« mort les douze pairs. Nos épées sont bonnes et
« tranchantes : nous les ferons chaudes et vermeilles
« de leur sang ! Les Français mourront, et Charles
« sera dans le deuil. Nous vous ferons présent de son
« royaume. Venez, Sire, et vous verrez vraiment tout
« cela. Nous prendrons l'Empereur et vous le don-
« nerons ! »

XXI

Accourt Margariz de Sibille, qui possède le pays
jusqu'à Scamarine. Les dames l'aiment pour sa beauté ;
il n'en est point qui ne s'épanouisse à sa vue et qui,
de gré ou de force, ne lui sourie. Il n'est païen aussi
bon chevalier. Il vient dans la foule s'écriant par-
dessus tous les autres, et il dit au Roi : « Ne vous
« tourmentez point ! J'irai à Roncevaux tuer Roland.
« Olivier ne s'en sauvera pas plus que lui. Les douze
« pairs sont voués au martyre. Voyez ma lame qui
« est emmanchée d'or : je la tiens de l'Émir de Primes.
« Je vous engage ma parole qu'elle se baignera en
« sang vermeil ! Les Français périront, et la France
« en sera honnie ! Le vieux Charles, à la barbe fleurie,
« passera le reste de ses jours dans le deuil et dans

« la fureur. Avant un an nous aurons pris la France
« et nous pourrons coucher au bourg de Saint-Denis ! »

Le Roi païen lui fait un profond salut. Dieu nous aide !

XXII

D'autre part est Chernubles de Mont-Nigre. Ses cheveux balayent ses talons. Il porte pour s'amuser un faix plus lourd que celui de quatre mulets au travail. En son pays, dit-on, le soleil ne luit jamais et le blé ne peut pas mûrir. Il n'y tombe ni pluie ni rosée. Pierre n'y a qui ne soit toute noire. On dit que les démons ont fait là leur demeure.

Chernubles dit : « J'ai ceint ma bonne épée. A Ron-
« cevaux je la teindrai dans le sang ! Si je trouve le
« preux Roland sur mon chemin et si je manque à
« l'assaillir, qu'on ne croie plus à ma parole ! Je con-
« querrai sa Durandal avec la mienne. Les Français
« périront, et la France sera déserte ! »

Cependant les douze pairs se sont réunis ; ils mènent avec eux cent mille Sarrasins qui s'entr'excitent et s'enflamment pour le combat, et vont se préparer dans une sapinière.

XXIII

Les païens se couvrent de cottes de mailles sarrasines, la plupart à triples mailles; ils lacent leurs bons heaumes de Saragosse; ils ceignent leurs épées d'acier viennois; ils mettent au poing leurs écus et leurs épieux de Valence surmontés de gonfanons blancs, bleus et vermeils. Ils laissent les mules et tous les palefrois pour monter sur leurs destriers, et ils chevauchent serrés. Le jour est clair et brillant le soleil. L'or de ces armures étincelle et flamboie. Et, pour que ce soit encore plus beau, ils font retentir mille clairons.

Le bruit en est tel, que les Français l'entendent. Olivier dit : « Sire compagnon, nous pourrons bien, « je crois, avoir bataille avec les Sarrasins. » — « Dieu « nous la donne ! répond Roland. Nous devons ici « bien nous montrer pour notre Roi. Il faut pour son « seigneur savoir souffrir détresse, endurer le chaud « et le froid, risquer sa peau et sa tête (1). Que cha- « cun s'apprête à frapper de grands coups. Qu'on ne « puisse pas chanter de nous une vilaine chanson! « Le tort est aux païens, aux Chrétiens le bon droit. « Jamais vous n'aurez de moi mauvais exemple ! »
DIEU NOUS AIDE !

(1) Littéralement : « Si doit-on perdre et du cuir et du poil. »

XXIV

Olivier monte sur un grand pin, regarde à droite dans le vallon touffu, et voit venir la horde païenne. Il appelle Roland son compagnon : « Voici venir du « côté de l'Espagne un grand tumulte. Que de blancs « haubérts ! que de heaumes flamboyants ! Nos Fran- « çais vont faire ici une rude rencontre ! Ganelon le « savait bien, le félon, le traître, qui devant l'Empe- « reur nous l'a préparée ! » — « Paix, Olivier ! dit « le preux Roland. C'est mon beau-père : ne dis « rien de lui. »

XXV

Olivier est monté sur un pin, d'où il peut bien voir le royaume d'Espagne et cette si grande troupe de Sarrasins. Il voit les heaumes reluisants d'or et de pierreries, et les écus, et les haubèrts ciselés, et les épieux, et les gonfanons au vent. Mais il ne peut compter les bataillons : tant il y en a, qu'il n'en sait la mesure ! Il en demeure troublé au dedans de lui. Il descend du pin comme il peut, vient aux Français et leur rend compte de tout.

XXVI

« J'ai tant vu de païens, dit Olivier, que jamais
« homme ici-bas n'en vit davantage! Il y en a cent
« mille à l'avant-garde, avec leurs écus, leurs
« heaumes lacés, leurs blancs hauberts, leurs lames
« droites, leurs bruns épieux luisants. Vous aurez
« une bataille comme il n'en fut jamais! Seigneurs
« Français, demandez à Dieu le courage! Demeurez
« fermes, et ne soyons pas vaincus! » Et les Français
répondent : « Malheur à qui s'enfuit! Pas un de nous
« pour mourir ne vous fera défaut! » Dieu nous aide!

XXVII

« Les païens ont le grand nombre, dit Olivier, et
« il me semble que nos Français sont bien peu.
« Compagnon Roland, sonnez votre cor : si Charles
« l'entend, il ramènera son armée. — J'agirais
« comme un fou! répond Roland. Je serais perdu
« d'honneur en notre douce France. Je vais bientôt
« frapper de grands coups de Durandal; la lame en
« sera sanglante jusqu'à l'or de la garde! Félons
« païens sont malvenus dans ces défilés : je vous les
« garantis tous jugés à mort! » Dieu nous aide!

XXVIII

« Roland, mon compagnon, sonnez l'oliphant. Si
« Charles l'entend, il ramènera son armée. Le Roi
« viendra nous secourir avec ses Barons. » — « Dieu
« me garde, répond Roland, d'attirer le mépris à mes
« parents et de faire à la douce France cette honte !
« Auparavant je vais donner assez de coups de Du-
« randal, ma bonne épée, que j'ai ceinte à mon côté.
« Vous en verrez la lame ensanglantée ! Les païens
« félons se sont assemblés pour leur perte. Je vous
« les garantis tous voués à la mort. » Dieu nous aide !

XXIX

« Roland, mon compagnon, sonnez votre oliphant.
« Si le son en arrive à Charles, qui passe aux défilés,
« les Français reviendront, je vous le garantis. » —
« A Dieu ne plaise ! répond Roland. Que nul homme
« vivant ne puisse dire que j'aie corné pour des païens !
« Mes parents jamais n'auront à subir ce reproche.
« Quand je serai dans l'ardente mêlée, je frapperai
« de Durandal et mille coups et sept cents, et vous en
« verrez l'acier sanglant ! Les Français sont braves, et
« ils frapperont vaillamment. Et rien ne sauvera les
« Espagnols de la mort. »

XXX

« De quel reproche parlez-vous ? dit Olivier. J'ai vu
« les Sarrasins d'Espagne si nombreux, que les mon-
« tagnes et les vallées, les landes et les plaines en
« sont toutes couvertes. Grande est l'armée de cette
« race étrange ! Et nous n'avons qu'une bien faible
« compagnie ! » — « Mon ardeur s'en accroît ! répond
« Roland. A Dieu ne plaise, ni à ses Saints, ni à ses
« Anges, que par moi la France perde sa gloire !
« J'aime mieux mourir que de supporter cette honte !
« L'Empereur nous aime davantage quand nous frap-
« pons bien ! »

XXXI

Roland est preux, et Olivier est sage : ils ont tous
deux un courage étonnant ! Dès qu'ils sont à cheval et
sous les armes, ils n'esquiveront point la bataille pour
échapper à la mort. Les deux comtes sont braves et
leurs paroles fières !

Les païens chevauchent, animés à la vengeance.
« Roland, dit Olivier, voyez un peu : ils sont tout
« près, et Charles est bien loin de nous ! Vous n'avez
« pas daigné sonner votre oliphant : si le Roi était
« là, nous n'aurions point dommage. Regardez là-

« haut, vers les défilés d'Espagne : vous pouvez voir
« dolente l'arrière-garde ! Mais qui la fait dolente,
« jamais n'en fera d'autre ! » — « Paix ! dit Roland,
« c'est nous faire outrage ! Maudit soit le cœur qui
« faiblit ! Nous demeurerons inébranlables en la place.
« C'est de nos bras que viendront et les coups et la
« mort ! » DIEU NOUS AIDE !

XXXII

Quand Roland voit qu'il aura la bataille, il devient
plus fier que lion ni léopard. Il apostrophe les Français, il interpelle Olivier : « Sire compagnon, mon
« ami, ne me parlez point de la sorte. L'Empereur,
« qui nous a confié ses Français, en a mis à part
« vingt mille, parmi lesquels il ne connaît pas un
« couard ! Pour son seigneur on doit souffrir grands
« maux et endurer et les grands froids et les chaleurs
« extrêmes. On doit savoir perdre pour lui son sang
« et sa chair. Frappe de ta lance, et moi de Duran-
« dal, ma bonne épée que le Roi me donna ! Si je
« meurs, qui l'aura pourra dire : C'était l'épée d'un
« vaillant ! »

XXXIII

D'autre part est l'Archevêque Turpin. Il pique son cheval, gravit une éminence, appelle les Français, et leur tient ce discours : « Seigneurs Barons Charles
« ici nous a laissés. Pour notre Roi nous devons
« bien mourir. Soutenez l'honneur du nom chrétien.
« Bataille aurez, vous en êtes bien sûrs, car sous vos
« yeux voilà les Sarrasins. Confessez vos péchés, criez
« à Dieu merci, et je vous absoudrai pour le salut de
« vos âmes. Si vous mourez, vous serez tous saints
« martyrs; vos places sont prêtes au plus haut Para-
« dis ! »

Les Français descendent de cheval, s'agenouillent en terre, et l'Archevêque les bénit au nom de Dieu. Pour pénitence, il leur commande de bien frapper.

XXXIV

Les Français se sont redressés et remis sur pieds. Ils sont bien allégés et quittes de leurs péchés. L'Archevêque a fait sur eux de par Dieu le signe de la Croix. Ils sont montés sur leurs destriers agiles. Ils sont chevaliers bien équipés, tous en appareil de bataille.

Le comte Roland interpelle Olivier : « Sire compa-

« gnon, vous le voyez bien que Ganelon nous a tous
« trahis, vendus pour de l'or, à deniers comptants !
« L'Empereur nous devrait bien venger ! Le Roi Mar-
« sille a fait marché de nous, mais nos épées régleront
« le compte ! » Dieu nous aide !

XXXV

Roland s'engage aux défilés d'Espagne sur Veillantif, son bon coursier. Il porte ses armes, et il leur prête tant de grâce ! Il porte au poing son épieu, dont le fer regarde le ciel ; au sommet est lacé son gonfanon tout blanc. Les rênes lui battent dans la main. Il va majestueux, l'air calme et souriant. Après lui marche son compagnon, puis tous ces Français qui le proclament leur protecteur. Il lance un regard fier sur les Sarrasins et tourne sur les Français un œil doux et modeste : « Seigneurs Barons, leur dit-il courtoisement, « marchez au petit pas. Ces païens vont quérant grand « martyre. Nous allons avoir bel et bon butin. Jamais « Roi de France n'en fit de meilleur ! »

Comme il dit ces mots, les deux armées s'approchent et se vont aborder. Dieu nous aide !

XXXVI

« Ce n'est plus l'heure de parler ! dit Olivier. Vous
« n'avez pas voulu sonner votre oliphant, vous n'aurez
« aucun secours de Charles. Il ne sait mot de notre
« détresse ; ce n'est pas sa faute, le brave ! Ceux qui
« sont en avant ne sont point à blâmer. Maintenant,
« seigneurs Barons, chevauchez de toute votre force
« et tenez ferme au champ. Je vous en prie, au nom
« de Dieu, formez le ferme propos de bien frapper,
« de bien recevoir et rendre. N'oublions pas le cri de
« Charles ! » A ces mots, les Français crient : *Monjoie* (1) ! Qui les eût alors entendus ne perdrait jamais
le souvenir d'une si noble ardeur. Puis ils s'avancent,
Dieu ! avec quelle audace ! Ils piquent des deux pour

---

(1) *Monjoie* est le cri du chevalier français qui fait appel à son
épée : *Mon joyau !* Joyau, en effet : écoutez les adieux de Roland
à sa Durandal (stance XLVIII du IIIe chant) : « Ah ! ma Durandal,
« que tu es belle et sainte ! que tu enfermes de reliques dans ta
« garde dorée ! une dent de saint Pierre et du sang de Basile et
« des cheveux de monseigneur saint Denis, du vêtement de la
« Vierge Marie ! »
L'épée de Charlemagne s'appelait ainsi *Joyeuse*, entre toutes les
épées de ses compagnons ; elle avait enfermé dans sa poignée le
fer de la lance qui perça le côté de Notre Seigneur Jésus-Christ sur
la Croix. « C'est pour cet honneur et pour cette vertu que le nom
« de Joyeuse lui fut donné : les Barons français ne doivent pas
« l'oublier, car ils en ont tiré leur cri de *Monjoie !* qui fait qu'au-
« cun peuple ne peut leur résister. » (Chant IV, stance VI)

couper au plus court. Ils vont attaquer : que peuvent-ils mieux faire ? Mais les Sarrasins ne reculent pas. Français et païens, les voilà face à face !

XXXVII

Le neveu de Marsille, qui a nom Aelroth, chevauche tout le premier en avant des troupes, tenant mauvais propos de nos Français : « Félons français, « aujourd'hui vous jouterez contre nous ! Celui qui « devait vous défendre vous a trahis : il est fou votre « Roi, qui vous a laissés dans ces défilés ! La France « perdra sa renommée, et Charlemagne le bras droit « de son corps. »

Quand l'ouït Roland, Dieu ! quelle colère il en a ! Il pique son cheval et le lance bride abattue. Le comte va férir l'insolent tant qu'il peut. Il lui rompt l'écu et lui ouvre le haubert, il lui fend la poitrine et lui brise les os, il lui détache l'échine du dos, et, de son épieu, il lui arrache l'âme du corps, frappant si rude qu'il l'enlève de son cheval, et, à pleine lance, l'envoie rouler mort à terre, le cou rompu en deux moitiés. Il ne le laisse pas sans lui dire : « Outré maraud, Charles « n'est point fou ! Il n'a jamais trahi les siens. Il n'agit « qu'en preux en nous laissant dans ces défilés. La « douce France ne perdra pas aujourd'hui sa renom- « mée. **Frappez, Français !** nous avons les premiers

« coups ! Nous avons le bon droit, et le tort est à ces
« gloutons ! » Dieu nous aide !

XXXVIII

Un Prince est là, qui a nom Falsaron. C'est le frère
du Roi Marsille. Il est seigneur du pays de Dathan et
Abiron. Il n'y a pas sous le ciel de félon plus scélérat.
L'espace est si large entre ses yeux qu'on pourrait y
mesurer au moins un bon demi-pied. Quand il voit son
neveu mort, il sort furieux de la presse, se met devant
les rangs, pousse le cri des païens et provoque les
Français : « Ce jour va perdre l'honneur de votre
« douce France ! » Olivier, à ces mots, est pris de
fureur ; il pique son cheval de ses éperons dorés, il
frappe le Sarrasin d'un vrai coup de Baron, il lui brise
l'écu et lui rompt le haubert, il lui plante au corps la
pique de son gonfanon, et, à pleine lance, le désarçonne et l'abat mort. Puis, quand il voit ce glouton
étendu par terre, gisant dans la poussière, il lui
adresse ces fières paroles : « De vos menaces, ma-
« raud, je n'ai souci ! Frappez, Français, la victoire
« est à nous ! » Et il crie : *Monjoie !* C'est le cri de
Charles. Dieu nous aide !

XXXIX

Un Roi est là, qui a nom Corsablix. C'est un Barbarin d'un étrange pays. Il interpelle les autres Sarrasins : « Nous pouvons bien soutenir ce combat, car
« des Français le nombre est misérable. Nous devons
« avoir en mépris ceux que voilà. Le nom de Charles
« n'en sauvera pas un seul. Voici le jour qu'il leur
« faut mourir ! »

L'Archevêque Turpin l'a entendu. Il n'est homme sous le ciel pour lui plus haïssable. Il pique son cheval de ses éperons d'or fin, et il va frapper le païen avec tant de force, qu'il lui brise l'écu et lui fracasse le haubert. Il lui plante au corps son grand épieu, il le frappe si rude qu'il le fait chanceler, et, à pleine lance, il l'abat mort au chemin. Puis, voyant le glouton gisant dans la poussière, il ne le laisse pas sans lui dire : « Maraud païen, vous en avez menti ! Charles,
« notre sire, est toujours notre rempart. Nos Français
« n'ont pas le talent de fuir. Nous clouerons sur place
« tous vos compagnons. Je vous annonce cette nou-
« velle, que c'est pour vous l'heure de mourir ! Frap-
« pez, Français ! que nul de vous ne s'oublie ! Le pre-
« mier avantage est à nous : Dieu soit loué ! » Et il crie : *Monjoie !* pour retenir le champ.

XL

Angelier frappe Mauprimis de Brigaut, à qui son bon écu ne vaut pas un denier. Angelier lui fend sa boucle de pierreries, dont une moitié tombe à terre. Il lui rompt le haubert jusqu'à la peau et lui enfonce au corps son bon épieu. Le païen tombe à terre comme un bloc. Et Satan emporte son âme. DIEU NOUS AIDE !

XLI

Et Gérer, le compagnon d'Angelier, frappe l'émir, lui brise son écu et lui démaille le haubert. Il lui pousse au cœur son bon épieu, l'ajustant si bien qu'il lui traverse le corps. Et à pleine lance, il l'abat mort sur le pré. « Oh ! la belle bataille ! » dit Olivier.

XLII

Le duc Sanche va frapper l'aumacour, lui brise son écu ciselé de fleurs et d'or. Son bon haubert ne protége guère l'aumacour. Le duc Sanche lui transperce le cœur, le foie et le poumon ; il l'abat mort pour la douleur des uns, pour la joie des autres (1). « C'est, « dit l'Archevêque, un vrai coup de Baron ! »

---

(1) Littéralement : « A qui qu'en pèse ou à qui non. »

XLIII

Anséis lâche la bride à son cheval et va frapper Turgis de Tourtelouse. Il lui brise l'écu au-dessus de la boucle dorée. Il lui rompt les doubles du haubert. Il lui loge dans le corps la pointe de son bon épieu, l'ajustant si droit que le fer ressort par le dos. A pleine lance il le renverse sur le pré, mort. « C'est, « dit Roland, un vrai coup de preux ! »

XLIV

Angelier, le Gascon de Bordeaux, pique son cheval et lui lâche la rêne. Il va frapper Escremiz de Vauterne, lui brise et lui met en pièces l'écu qu'il porte au cou, lui fausse la gonelle par-dessus le haubert, le frappe à la poitrine, entre les deux mamelles, et, à pleine lance, le renverse de sa selle, mort. Après quoi, il lui dit : « Vous n'avez pas de chance (1) ! » DIEU NOUS AIDE !

XLV

Gautier frappe le païen Estorgant sur le premier cuir de l'écu dont il enlève les couleurs, blanc et

---

(1) Littéralement : « Vous êtes tourné à perdre. »

vermeil. Il lui sépare les pans de son haubert. Il lui plante au corps son bon épieu pointu et il le renverse mort de son coursier. Après quoi il lui dit : « On ne « vous en sauvera pas ! »

XLVI

Et Bérenger ! il frappe Astramariz, lui brise l'écu, lui fracasse le haubert, lui pousse au ventre son fort épieu, et l'abat mort entre mille Sarrasins. Des douze pairs du Roi Marsille, en voilà dix de tués ; il n'en reste plus que deux vivants : Chernuble et le comte Margariz.

XLVII

Margariz est un vaillant chevalier, beau, robuste, alerte et léger. Il éperonne son cheval et va frapper Olivier. Il lui brise l'écu sur sa boucle d'or pur et lui dirige son épieu le long du flanc. Dieu protége Olivier, et son corps n'est pas touché. La lance le froisse, mais sans l'abattre. Margariz, ne trouvant point d'obstacle, passe en sonnant du cor pour rallier les siens.

XLVIII

Dans cette mêlée merveilleuse et confuse, le preux Roland ne s'épouvante point. Il frappe de l'épieu tant que l'épieu lui dure. Au quinzième coup, l'arme n'existe plus. Il tire Durandal, sa bonne épée, il éperonne son cheval et va frapper Chernuble. Il lui brise son heaume où luisent des escarboucles, il lui découpe le cuir avec la chevelure, et les yeux avec les joues. Il lui fend son blanc haubert à fines mailles, et tout le corps jusqu'à l'enfourchure sur la selle incrustée d'or. L'épée rencontre le cheval, lui tranche l'épine sans chercher le joint ; elle abat morts sur le pré, sur l'herbe drue, le Sarrasin et sa monture. Après quoi il lui dit : « Maraud, c'est pour vous « grand dommage d'être ici venu ! Mahomet ne vien- « dra plus à votre aide. Ce n'est pas un pareil glou- « ton qui gagnera la bataille ! »

XLIX

Le comte Roland chevauche à travers le champ de bataille, Durandal à la main qui si bien tranche et taille les Sarrasins et fait d'eux grand carnage. On le voit jeter un mort sur l'autre. Un sang encore tout vermeil est répandu sur la place : le haubert de Roland et ses bras en sont ruisselants, et aussi le cou et les épaules de son bon cheval. Olivier non plus ne se met pas en retard de frapper. On n'a rien à reprocher aux douze pairs. Les Français frappent d'estoc et de taille, les païens meurent, quelques-uns s'évanouis-

sent. L'Archevêque dit : « Elle va bien, notre noblesse ! » Et il crie : *Monjoie !* C'est le cri de Charles.
Dieu nous aide !

L

Olivier chevauche à travers la mêlée. Sa lance s'est brisée, mais du tronçon il frappe le païen Fanseron, il lui brise son écu ciselé d'or et de fleurs, il lui fait jaillir les deux yeux de la tête, et la cervelle tombe à ses pieds. Il le renverse mort avec sept cents Sarrasins. Puis il occit Turgis et Estragus. Puis le tronçon de sa lance se brise et s'éclate jusqu'à la poignée. « Compagnon, lui dit Roland, que faites-vous ? En telle bataille, à quoi sert un bâton ? Le fer et l'acier, voilà nos armes !... Où est Hauteclaire, votre épée au manche d'or, à la poignée de diamant ? » — « Je ne la peux tirer, dit Olivier, car de coigner j'ai trop affaire ! » Dieu nous aide !

LI

Et pourtant il la tire sa bonne épée tant réclamée par Roland son compagnon, et il la lui fait voir par un vrai coup de chevalier : il frappe un païen, Justin de Val Ferrée ; il lui partage la tête par le milieu ; il lui fend avec le corps sa cuirasse à frange et sa bonne selle émaillée d'or; il pourfend l'échine du cheval, il renverse devant lui le Sarrasin et sa monture, morts sur le pré. « Je vous reconnais pour mon frère ! « lui dit Roland. C'est pour de tels coups que l'Em- « pereur nous aime ! » Et de tous les côtés on crie : *Monjoie !* Dieu nous aide !

LII

Le comte Gérin, monté sur son cheval roux, et son compagnon Gérer sur Passe-Cerf, lâchent les rênes, éperonnent tous deux à l'envi et vont frapper le païen Timozel, l'un dans l'écu, l'autre sur le haubert. Ils lui brisent leurs deux épieux dans le corps et le renversent au beau milieu d'un guéret. Je n'ai ouï dire et je ne sais lequel des deux y fut le plus alerte.

Esprevaris y était, le fils d'Abel. Il fut occis par Angelier de Bordeaux.

L'Archevêque leur occit l'enchanteur Siglorel, qui déjà fut en enfer. Jupiter l'y mena par l'art magique. « Celui-ci, dit Turpin, est un païen malfaisant. » — « Le coquin est mort, répond Roland. Olivier, mon « frère, voilà de beaux coups ! »

XLIII

La mêlée cependant est devenue horrible : Français et païens se portent d'affreux coups. Les uns frappent, les autres se défendent. Combien de lances rompues et ensanglantées ! Combien de gonfanons, combien d'enseignes en lambeaux ! Combien de bons Français laissent ici leur jeunesse ! Ils ne reverront plus leurs mères, ni leurs femmes, ni leurs amis de France qui les attendent au pays. Dieu nous aide !

LIV

Charlemagne pleure et se désole. Mais à quoi bon ? ils n'en auront aucun secours ! Ganelon lui rendit un vilain office le jour qu'il fut à Saragosse vendre sa Maison royale ! La sentence d'Aix le lui a fait payer depuis par la perte de sa vie et de ses membres, quand il fut condamné à être pendu avec quelque trente de ses parents qui ne comptaient pas sur cette mort. Dieu nous aide !

LV

La bataille est grande et terrible. Roland et Olivier frappent rudement. L'Archevêque rend les coups par milliers. Les douze pairs ne sont point en retard. Les Français frappent tous ensemble. Les païens tombent par cent et par mille! Qui ne s'enfuit n'échappe pas à la mort. Bon gré mal gré, chacun y laisse ses années! Les Français y perdent leur meilleur butin. Ils ne reverront plus leurs pères ni leurs parents, ni Charlemagne qui les attend à l'issue des défilés!

Une tourmente effroyable désole la France : l'orage éclate, le tonnerre gronde, le vent mugit, la pluie, la grêle tombe à torrents, partout la foudre et ses ravages, et la terre qui vraiment tremble de Saint-Michel de Paris jusqu'à Sens, de Besançon jusqu'au port de Wissant! Il n'est abri dont les murs ne se crèvent. En plein midi, de noirs ténèbres; plus de lumière au ciel que le feu des éclairs. Pas un homme que ce spectacle n'épouvante. Et plusieurs de dire : « C'est la fin du monde, la fin du siècle présent! » Ils ne le savent, et il n'y a là rien de vrai : c'est le grand deuil pour la mort de Roland!

LVI

Les Français ont frappé avec courage et vigueur. Les païens gisent morts par milliers, par troupeaux. De cent mille ils n'en peuvent sauver deux! « Nos
« hommes, dit Roland, sont de grands preux. Il n'est
« pas sous le ciel d'hommes plus vaillants. Il est écrit

« au *Gesta Francorum* que notre Empereur a les
« braves ! »

Ils (1) vont par le camp, excitant leurs soldats à bien faire. Tous versent des larmes de douleur et de tendresse, le cœur plein d'amour pour leurs parents.

Le Roi Marsille paraît sur eux (2) avec sa grande armée. DIEU NOUS AIDE !

LVII

Le Roi Marsille arrive le long de la vallée avec la grande armée qu'il a réunie. Il l'a partagée en vingt bataillons. On voit luire les heaumes émaillés d'or et de pierreries et les écus et les cuirasses frangées. Sept mille trompettes sonnent la fanfare et remplissent de bruit toute la contrée.

« Olivier, mon compagnon, mon frère, dit Roland,
« Ganelon, le félon, a juré notre mort : sa trahison
« est manifeste. L'Empereur en tirera une vengeance
« terrible ! Nous allons avoir une bataille et rude et
« cruelle. On ne vit jamais un tel rassemblement
« d'hommes. Je vais frapper de mon épée Durandal,
« et vous, compagnon, vous frapperez de Hauteclaire.
« En combien de bons lieux les avons-nous portées !

---

(1) Roland et Olivier.
(2) Littéralement : « Leur sort de terre. »

« combien de batailles avons-nous terminées ! Aussi
« n'en chantera-t-on point de vilaine chanson ! »
Dieu nous aide !

LVIII

Marsille voit le carnage des siens. Il fait sonner
ses cors et ses trompettes, et puis chevauche avec sa
grande armée.

Au premier rang chevauche un Sarrasin, Abîme,
le plus scélérat de la bande, le plus souillé de crimes
et d'horribles félonies. Il ne croit pas en Dieu, le Fils
de la sainte Vierge ! Il est noir comme poix fondue.
Il aime la trahison et le meurtre plus que tout l'or
de Galice. Aucun homme ne l'a jamais vu jouer ni
rire ! Brave cependant et follement téméraire, et c'est
par là qu'il a su plaire au félon Roi Marsille. Il porte
le dragon, leur signe de ralliement.

L'Archevêque ne peut pas aimer ce scélérat. Sitôt
qu'il le voit, il songe à l'attaquer. Il se dit tranquillement à lui-même : « Ce Sarrasin me paraît un fier
« hérétique. Le mieux à faire est d'aller l'occire. Je
« n'ai jamais supporté couard ni couardise. » Dieu
nous aide !

LIX

L'Archevêque ouvre la bataille. Il est assis sur le cheval qu'il prit à Grossaille. (C'était un Roi qu'il tua en Danemark.) Le destrier est agile et ardent. Il a les pieds moulés, les jambes plates, la cuisse courte et la croupe large, les flancs longs et l'échine haute, la queue blanche et la crinière jaune, l'oreille petite et la tête fauve. Il n'est bête au monde qu'on puisse lui comparer. L'Archevêque l'éperonne bravement, car il ne voudrait manquer d'assaillir Abîme. Il va le frapper sur son écu d'émir, semé de diamants, d'améthystes, de topazes, d'esterminaux et d'ardentes escarboucles. Abîme tient cet écu de l'amiral Galafes, à qui un démon le donna au Val-Métas. Turpin le frappe si violemment, qu'après son coup l'écu ne vaut pas un denier. Il traverse le corps d'Abîme de l'un à l'autre flanc et l'abat mort en belle place (1). Et les Français de dire : « L'Archevêque est homme de « grande bravoure, et sa croix est bien gardée. »

---

(1) Littéralement : « En une place vide. »

LX

Les Français voient une telle quantité de païens, que de tous côtés les champs en sont couverts. Ils cherchent Roland, Olivier, les douze pairs, pour qu'ils soient leur rempart. L'Archevêque leur dit à sa manière : « Seigneurs Barons, n'ayez point de « mauvaise pensée ! Je vous en prie au nom de Dieu, « ne fuyez pas ! Que nul homme de bien ne chante « de nous vilaine chanson ! Il vaut bien mieux mourir « en combattant ! Tout est dit, c'est ici notre fin. « Passé cette journée, nous ne serons plus de ce « monde. Mais d'une chose je vous suis garant, c'est « que le saint Paradis est à vous et que vous y siége- « rez parmi les élus ! » Ces mots enivrent d'une sainte ivresse les cœurs de tous les Français, et il n'en est pas un qui ne crie : *Monjoie !*

LXI

Il y a là un Sarrasin de Saragosse, seigneur d'une moitié de la cité : c'est Climorins, qui n'est pas un preux ! C'est lui qui reçut l'engagement du comte Ganelon, qui le baisa sur la bouche en signe d'amitié et lui fit don de son épée et de son escarboucle. Il couvrira de honte, dit-il, le Grand-Pays ; à l'Empereur il arrachera sa couronne. Monté sur son cheval qu'il appelle Barbamouche et qui est plus rapide qu'épervier ou qu'hirondelle, il pique des deux, abandonne les rênes et vient frapper Angelier de Gascogne. Ni son écu ni sa cuirasse ne garantissent Angelier : le païen lui met au corps la pointe de son épieu, l'enfonce ferme, et faisant sortir le fer de l'autre côté, à pleine lance retourne Angelier par terre, mort. Après quoi il s'écrie : « Ils sont bons « à confondre ! Frappez, pour rompre leurs lignes « serrées ! » Et les Français de dire : « Dieu ! quelle « perte ! quel homme de bien ! » Dieu nous aide !

LXII

Le comte Roland apostrophe Olivier : « Sire com-« pagnon, voici Angelier mort : nous n'avions pas de « plus vaillant chevalier. » — « Dieu me donne de le « venger ! » répond Olivier. Et de ses éperons d'or pur il pique son cheval. Il agite Hauteclaire, à l'acier sanglant, va frapper le païen avec impétuosité, brandit son coup, et le Sarrasin tombe. Les démons emportent cette âme.

Puis Olivier occit le duc Alphaïen, il décapite Escababis, il désarçonne sept Arabes qui jamais plus ne pourront combattre. « Mon compagnon est fâché

« contre moi, dit Roland : il m'enlève la gloire de
« ces coups qui nous rendent plus chers à Charles. »
Et il crie de toute sa force : « Frappez, bons cheva-
« liers ! » Dieu nous aide !

LXIII

Voici d'autre part le païen Valdabron, ancien gouverneur du Roi Marsille, seigneur en mer de quatre cents navires. Il n'est matelot qui ne se réclame de son nom. Après avoir pris par trahison Jérusalem, il viola le temple de Salomon et assassina le patriarche devant les fonts de baptême. C'est lui qui reçut l'engagement du comte Ganelon et lui donna son épée avec mille mangons d'or. Il monte un cheval appelé Gramimond, plus rapide qu'un faucon. Il le pique vivement de ses éperons aigus et va frapper le puissant duc Sanche, lui brise son écu, lui rompt son haubert, lui plante au corps la pique de son gonfanon et à pleine lance lui fait vider les arçons et l'abat mort : « Frappez, païens ! s'écrie-t-il, nous allons
« les vaincre ! »

Et les Français de dire : « Dieu ! quelle perte que
« celle du duc Sanche ! » Dieu nous aide !

LXIV

Le comte Roland voit le duc Sanche tué. Vous pouvez bien penser quelle est sa douleur ! Il éperonne son cheval et se précipite, Durandal au poing, qui vaut plus qu'or fin, contre ce mécréant qu'il frappe tant qu'il peut sur son heaume émaillé d'or. Il lui fend la tête, la cuirasse et le corps, et sa bonne selle brodée d'or. Il enfonce son fer dans le dos du cheval et tue le cavalier et sa monture, qu'on le blâme ou le loue ! « Voilà, crient les païens, un coup terrible pour « nous ! » — « Je ne puis aimer les vôtres, leur ré- « pond Roland : chez vous est l'orgueil et le tort ! » DIEU NOUS AIDE !

LXV

Voici un Africain venu d'Afrique : c'est Maucuidant, le fils du Roi Malcus. Son équipement est tout couvert de feuilles d'or, et au soleil il luit sur tous les autres. Il monte un cheval qu'il nomme Saut-Perdu, contre lequel aucune bête ne peut lutter de vitesse. Maucuidant va frapper l'écu d'Anséis, il en brise le vermeil et l'azur, il lui rompt les pans de son haubert et lui plante au corps le fer et le fût de sa lance. Le comte est mort, son temps est fini. Et les Français de dire : « Baron, c'est être malheureux ! »

LXVI

L'Archevêque Turpin parcourt le champ de bataille. Jamais tel tonsuré ne chanta messe, qui de son corps fit des prouesses si belles. Il dit au païen : « Dieu t'accable, toi qui as tué ceux que mon cœur « regrette ! » Il lance son destrier et frappe un tel coup sur l'écu de Tolède, que l'Africain tombe mort sur l'herbe verte.

LXVII

Voici, d'autre part, un païen, Grandogne, le fils de Capuel, Roi de Cappadoce. Le cheval qu'il monte et qu'il nomme Marimore est plus rapide qu'un oiseau qui vole. Il lâche les rênes, éperonne son coursier et va frapper Gérin avec une telle violence, qu'il lui brise son écu de vermeil et le lui arrache du cou. Il lui ouvre sa cuirasse, lui plonge au corps sa banderole bleue et l'abat mort sur une grande roche. Il tue encore le compagnon de Gérin, Gérer, et Bérenger, et Guy de Saint-Antoine. Puis il va frapper le puissant duc Austore qui tient Valence et Envers sur le Rhône. Il l'abat mort, à la grande joie des païens. Mais les Français de dire : « Comme les nôtres tombent ! »

6

LXVIII

Roland, l'épée sanglante au poing, entend les Français qui se lamentent. Il en éprouve une si vive douleur, qu'il sent son cœur se fendre : « Dieu te « maudisse! crie-t-il au païen. Je vais te vendre cher « la vie de ceux que tu as tués! » Il pique son cheval qui court follement. Qui va succomber de Rolland ou du Sarrasin? car les voilà en présence.

LXIX

Grandogne est homme de bien, et vaillant, et courageux, et brave au combat. Il rencontre sur son chemin Roland qu'il n'a jamais vu, et pourtant il le reconnaît aussitôt à son fier visage, à sa taille bien prise, à son regard et à sa contenance. Il ne peut se défendre de l'effroi, il voudrait s'enfuir, mais il se sent paralysé. Roland le frappe avec une telle force, qu'il lui fend le heaume jusqu'au naseau. Il lui tranche le nez, la bouche et les dents, et tout le corps malgré les mailles du haubert. Et à travers les deux aubes d'argent de la selle dorée, il enfonce le fer dans le dos du cheval. Le païen et sa monture sont tués sans remède. Ceux d'Espagne gémissent, et les Français crient : « Il frappe bien, notre capitaine! »

Grande et terrible est la bataille. Les Français, avec leurs épieux d'acier bruni, portent partout leurs coups. Vous verriez là un immense spectacle de douleur. Tant d'hommes morts et navrés et sanglants ! L'un est étendu sur l'autre, couchés l'un sur le dos, l'autre sur la face. Les Sarrasins n'y peuvent plus durer : bon gré mal gré, il leur faut lâcher pied, les Français les chassent de force. Dieu nous aide !

CHANT III

LA MORT DES PREUX

ARGUMENT

Suite de la bataille. — Valeur des Français. — Leur désastre. — Roland veut sonner son oliphant pour appeler Charlemagne : Olivier s'y oppose. — Reproches d'Olivier à Roland. — Intervention de Turpin. — Roland sonne trois fois l'oliphant. — Charlemagne veut venir à son secours : Ganelon essaye de l'en détourner. — Charlemagne fait arrêter Ganelon et retourne vers Roland. — Roland pleure à la vue de ses compagnons morts. — Il prie pour eux. — Il rentre dans la mêlée, où il tue Faudron de Pin et vingt-quatre païens. — Marsille tue Beuve, et Yvoire, et Yvon, et Gérard de Roussillon. — Pour les venger, Roland tranche le poing droit du païen et prend la tête de Jurfaleu, fils de Marsille. — Cent mille païens prennent la fuite. — Roland a en face de lui Marganice et ses Éthiopiens. — Marganice frappe Olivier à mort. — Olivier mourant fend la tête de Marganice. — Il précipite ses coups au milieu de la mêlée et il appelle Roland. — A la vue d'Olivier pâle et sanglant, Roland se pâme sur son cheval. — Olivier, qui ne le reconnaît pas, le frappe et lui fend son heaume jusqu'au nasal. — Douces paroles de Roland. — Mort d'Olivier, douleur de son ami. — Grand désastre des Français. — Derniers efforts de Roland, de Turpin et de Gautier de Luz. — Mort de Gautier. — Vaillance de Turpin. — Roland sonne encore l'oliphant. — Charlemagne hâte sa marche. — Dernier combat de Roland et de Turpin contre les païens. — Roland est percé de coups. — Les païens sont mis en fuite. — Roland réunit les cadavres de ses compagnons, les bénit et prie pour leurs âmes. — Roland s'évanouit auprès du corps d'Olivier. — Turpin veut le secourir, mais il tombe lui-même dans les angoisses de la mort. — Roland, revenu de son évanouissement, assiste l'Archevêque qui meurt. — Adieux de Roland à Turpin. — A son tour, Roland sent venir la mort. — Un Sarrasin veut lui prendre Durandal, Roland l'abat mort d'un coup de l'oliphant. — Il veut en vain briser Durandal sur les rochers, pour qu'elle ne tombe point aux mains des païens. — Adieux de Roland à son épée. — Avant de mourir, il tourne sa tête vers la gent païenne. — Il demande pardon à Dieu de ses péchés. — Les Anges du Ciel descendent auprès de lui. — Il offre à Dieu son gant droit, que prend saint Gabriel. — Les Anges emportent l'âme du preux en Paradis.

CHANT III

LA MORT DES PREUX

I

La bataille continue terrible et fougueuse. Les Français y combattent pleins d'emportement et de courage. Ils tranchent ces poings, ces côtes, ces échines, ces vêtements jusqu'à la chair vive. Sur l'herbe verte coulent des ruisseaux de sang. O Grand Pays! que Mahomet te maudisse! Ta race est hardie sur toute race. Il n'est Sarrasin qui ne crie : « Che- « vauche, ô Roi Marsille : nous avons besoin d'aide! »

II

Le comte Roland interpelle Olivier : « Sire compa-
« gnon, n'est-ce pas votre avis que l'Archevêque est
« un fameux chevalier ? Il n'en est pas de meilleur sur
« la terre ni sous le ciel. Il sait bien s'escrimer et de
« la lance et de l'épieu. » — « Allons donc lui aider ! »
répond Olivier.

A ce mot les Français recommencent de plus belle.
Les coups sont rudes et la lutte terrible. C'est une
grande désolation des Chrétiens. Qui pourrait voir
Roland et Olivier frapper et frapper encore avec leurs
épées garderait le souvenir de la valeur des preux.
L'épieu de l'Archevêque n'est pas moins prompt en
ses coups.

On peut bien évaluer ceux qui sont morts : le
nombre en est écrit dans les chartres et dans les brefs ;
il monte, dit *la Geste*, à plus de quatre mille.

Les nôtres triomphent aux quatre premiers chocs;
mais le cinquième leur est rude et désastreux. Tous
les chevaliers Français sont occis ; Dieu n'en a épar-
gné que soixante qui ne mourront pas sans vendre
chèrement leur vie.

III

Le comte Roland, qui voit ce grand désastre des siens, — Dieu nous aide ! — interpelle son camarade Olivier : « Beau sire, cher compagnon, que Dieu vous « fasse à vos souhaits ! Voyez combien de braves voilà « gisants par terre ! Nous pouvons bien la plaindre, « notre douce et belle France qui demeure veuve de « tels Barons ! Hélas ! notre bon Roi, que n'êtes-vous « ici ! Olivier, mon frère, qu'avons-nous à faire à « cette heure ? Comment ferons-nous parvenir au Roi « des nouvelles ? » — « Je ne sais pas comment, dit « Olivier. Mieux vaut mourir que de trouver son salut « dans la honte ! » Dieu nous aide !

IV

Roland lui dit : « Je cornerai l'oliphant ; Charles, « qui passe aux défilés, ne manquera pas de l'en-« tendre, et je me porte caution que les Français « vont revenir. » — « Ce serait, dit Olivier, un grand « affront et un sujet de reproche à tous vos parents ! « Ils en auraient la honte toute leur vie. Quand je « le demandai, vous n'en voulûtes rien faire : vous ne « le ferez pas maintenant par mon avis. Si vous cor-« nez, ce sera sans force : vous avez déjà les deux

« bras tout saignants ! » — « J'ai donné de fameux
« coups ! » répond Roland. Dieu nous aide !

V

« La lutte, dit Roland, est trop inégale. Je vais
« sonner l'oliphant, et le Roi Charles m'entendra. » —
« Ce ne serait pas un acte de bravoure, reprend Oli-
« vier. Quand je vous l'ai demandé, mon compagnon,
« vous n'avez pas voulu le faire. Que le Roi fût là,
« nous n'eussions pas éprouvé ce dommage. Ceux qui
« sont là-bas n'en porteront pas le blâme... Par ma
« barbe ! dit-il encore, si je peux revoir ma sœur
« Aude, ma noble sœur, vous ne serez jamais son
« époux. » Dieu nous aide !

VI

« Pourquoi me faites-vous cette querelle ? » lui dit
Roland. — « Compagnon, c'est votre faute, répond
« Olivier. Le courage sensé n'est pas la folie, et la
« sagesse vaut mieux que l'extravagance. Les Fran-
« çais ont péri par votre imprudence : jamais Charles
« ne tirera plus de nous aucun service. Si vous m'aviez
« voulu croire, le Roi notre Sire serait venu ; et cette
« bataille, nous l'aurions gagnée, le Roi Marsille eût
« été pris ou mort. Nous ne voyons que de funestes

« effets de votre prouesse. Nous ne pourrons plus ser-
« vir Charlemagne : et jusqu'au jour du dernier juge-
« ment, il ne se rencontrera jamais un homme tel que
« lui ! Vous allez ici mourir, et la France en sera
« honnie. Ce noble secours nous fait défaut mainte-
« nant, et bien avant le soir, la mortalité ici sera
« grande. » Dieu nous aide !

VII

L'Archevêque entend leur débat ; il pique son cheval de ses éperons d'or pur, vient à eux et les répri-
mande : « Sire Roland, et vous, sire Olivier, je vous
« prie au nom de Dieu, ne vous disputez point ! Il ne
« nous servira de rien de sonner l'oliphant. Mais il
« vaut mieux néanmoins que le Roi vienne : il pourra
« nous venger. Ces Espagnols ne doivent pas rentrer
« chez eux. Nos Français, quand ils descendront dans
« la vallée, nous y trouveront morts et massacrés.
« Ils nous donneront des larmes de deuil et de pitié ;
« ils nous enlèveront en des cercueils, à dos de som-
« miers, et nous enterreront aux porches des moutiers,
« à l'abri des loups, des sangliers et des chiens. » —
« C'est bien parlé ! » lui répond Roland. Dieu nous
aide !

VIII

Roland a porté l'oliphant à ses lèvres, il l'embouche et sonne à pleins poumons. Hautes sont les montagnes, et la voix de l'oliphant s'y prolonge. On entend l'écho répondre à plus de trente lieues. Charles et tous ses compagnons l'entendent. « Nos gens livrent « bataille ! » dit le Roi. Mais Ganelon repousse cette idée : « Si un autre le disait, cela semblerait un men- « songe. » Dieu nous aide !

IX

Le comte Roland continue de sonner l'oliphant avec tant de peine et d'effort et de vive douleur, que le sang vermeil jaillit de sa bouche et que la tempe de son front en éclate. Mais la voix de l'oliphant porte si loin ! Charles l'entend, qui passe aux défilés. Le duc Neimes et les Français l'écoutent. « J'entends le « cor de Roland ! dit le Roi. Jamais il ne sonna qu'au « milieu d'une bataille. » — « Il ne s'agit point de « bataille, répond Ganelon. Vous êtes déjà vieux et « blanc et fleuri : quand vous parlez de la sorte, vous « avez l'air d'un enfant ! Vous ne connaissez que trop « le grand orgueil de Roland : on ne comprend pas « que Dieu le souffre avec tant de patience. Il a déjà

« sans vos ordres pris Constantinople ; les Sarrasins
« qui l'habitaient en sortirent ; six de leurs comtes
« vinrent trouver le preux Roland (1). . . . . .
« . . . . Puis il fit
« laver le sol à grande eau pour effacer les traces de
« sang. Pour un seul lièvre, il va cornant toute une
« journée. A cette heure, il est à railler devant ses
« pairs ; car personne n'oserait le provoquer. Chevau-
« chez donc : pourquoi vous arrêter ? Le Grand Pays
« est bien loin devant nous. » DIEU NOUS AIDE !

X

Le comte Roland a la bouche ensanglantée, la
tempe de son front est rompue, et il sonne encore
l'oliphant à grand'douleur et à grand effort. Charles
et ses Français l'entendent : « Ce cor a longue ha-
« leine ! » dit le Roi. — « C'est un brave qui sonne,
« répond le duc Neimes. Il y a bataille là-bas. Sur
« mon âme, celui-là l'a trahi qui voudrait vous don-
« ner le change. Préparez-vous, répétez votre cri,
« et secourez votre noble Maison : vous entendez
« assez que Roland se désespère ! »

---

(1) Il y a ici une lacune évidente dans le manuscrit de la Bibliothèque bodléienne. M. Francisque Michel n'indique cette lacune ni
dans son texte ni dans ses notes. Mais s'il avait traduit, il lui aurait bien fallu la constater.

XI

L'Empereur a fait sonner ses hautbois. Les Français descendent de leurs chevaux, se couvrent de heaumes et de hauberts et prennent leurs épées à poignées d'or. Ils ont de beaux écus, des épieux longs et forts, et des gonfanons blancs et bleus et vermeils. Tous les barons de l'armée montent leurs destriers et piquent des deux. Tant qu'ils sont dans les défilés, il n'en est pas un qui ne dise à son voisin : « Si nous « trouvons Roland avant qu'il soit mort, ensemble « nous frapperons de rudes coups! » Mais à quoi sert? Ils arriveront trop tard.

XII

La nuit est dissipée, il fait jour, les armes reluisent au soleil, les hauberts, les heaumes jettent des flammes, et aussi les écus si bien peints à fleurs, et les épieux, et les gonfanons dorés. L'Empereur chevauche plein de colère, et les Français affligés et inquiets. Il n'en est pas un qui ne pleure amèrement, et tous sont en grande alarme pour Roland.

Le Roi fait arrêter le comte Ganelon, le recommande aux cuisiniers de sa maison, et dit à Besgue, leur chef : « Garde-le-moi bien, comme un félon qui

« a trahi mon sang ! » Besgue s'en saisit et le livre à cent garçons de cuisine, des meilleurs et des pires, qui lui arrachent poil à poil la barbe et les moustaches. Chacun le frappe de quatre coups de poing. Et, bien fustigé, bien bâtonné, ils lui passent une chaîne au cou comme on fait à un ours. Ils le jettent ignominieusement sur une bête de somme et le gardent jusqu'à ce qu'ils le rendent à Charles.

XIII

Ces montagnes sont hautes et ténébreuses et immenses, — Dieu nous aide ! — ces vallées profondes et ces eaux rapides. Les trompettes sonnent et à l'avant et à l'arrière-garde, qui toutes semblent l'écho de l'oliphant. L'Empereur chevauche plein de colère, et les Français inquiets et affligés. Il n'en est pas qui ne pleure et ne se lamente, et ne prie Dieu de conserver Roland jusqu'à ce qu'ils le rejoignent sur le champ de bataille pour frapper bravement tous ensemble. Mais à quoi bon ? Cela ne peut plus servir de rien. Ils sont trop en retard, ils ne peuvent plus arriver à temps. Dieu nous aide !

XIV

Le Roi Charles chevauche plein de courroux, sa barbe blanche étalée sur sa cuirasse. Tous les Barons de France éperonnent leurs montures. Et il n'en est point qui ne laisse libre cours à son chagrin de n'être pas avec Roland le capitaine qui se bat contre les Sarrasins d'Espagne. S'il est blessé, y aura-t-il âme qui réchappe! Quels hommes, mon Dieu! que ces soixante compagnons qu'il mène avec lui! Jamais Roi ni capitaine n'en eut de meilleurs. Dieu nous aide!

XV

Roland voit les landes et les monts couverts de cadavres français. Il pleure en noble chevalier :
« Seigneurs Barons, Dieu vous ait en sa grâce! Qu'il
« ouvre à toutes vos âmes son paradis! que sur les
« saintes fleurs il les fasse reposer! Meilleurs guer-
« riers que vous, je n'en vis jamais, vous qui m'avez
« aidé si longtemps à conquérir de vastes royaumes
« à Charlemagne! C'est donc pour cette dure fin que
« l'Empereur vous a conservés! Terre de France, ô
« ma douce patrie, c'est pour ce funeste exil qu'ils
« vous ont quittée! Barons français, qui mourez par
« ma faute, je ne puis vous sauver ni vous défendre :

« que Dieu vous aide, Dieu qui ne trompe jamais !...
« Olivier, mon frère, je ne vous faudrai pas. Je
« mourrai de douleur, si le fer ne me tue. Allons,
« sire compagnon, allons combattre encore. »

XVI

Le comte Roland rentre dans la mêlée, Durandal au poing, et frappe en brave. Il coupe par le milieu du corps Faudron de Pin et vingt-quatre des païens les plus redoutés. On ne verra jamais homme plus ardent à la vengeance. Comme devant les chiens fuit le cerf, ainsi fuient les Sarrasins devant Roland. L'Archevêque lui dit : « Vous allez assez bien ! Telle
« valeur convient à un chevalier bien armé, monté
« sur un bon cheval. Qu'il soit rude et farouche dans
« le combat, ou autrement il ne vaut pas quatre de-
« niers et doit se faire moine dans un de ces monas-
« tères où il priera Dieu tous les jours pour nos pé-
« chés. » — « Frappez, répond Roland, frappez sans
« merci ! » A ces mots, les Français reprennent la bataille. Et il se fait un grand carnage de Chrétiens.

XVII

Combattant certain qu'on ne fera point de prisonniers, se défend à mort en un tel combat. Aussi les Français sont courageux comme des lions.

Voici Marsille qui arrive en guerrier. Il est monté sur son cheval Gaignon; il l'éperonne et vient frapper Beuve, sire de Beaune et de Dijon. Il lui brise l'écu, lui rompt le haubert et l'abat mort sans plus de retardement. Il tue Yvoire et Yvon, et Gérard de Roussillon avec eux. Le comte Roland, qui n'est guère loin, dit au païen : « Que le Seigneur Dieu te mau-
« disse, toi qui me fais ce tort de tuer mes compa-
« gnons ! Tu en porteras la peine avant que je m'en
« aille d'ici, et tu sauras aujourd'hui le nom de mon
« épée ! » Il le frappe vaillamment et lui tranche le poing droit. Puis il prend la tête de Jurfaleu le Blond, le fils du Roi Marsille ; et les païens s'écrient : « Au
« secours, Mahomet ! Vous tous, nos dieux, vengez-
« nous de Charles ! Il a jeté sur cette terre des félons
« qui ne céderont pas même à la peur de la mort ! »
Puis ils se disent l'un à l'autre : « Hélas ! sauve qui
« peut ! » Sur ce mot, cent mille hommes prennent la fuite. On peut bien les rappeler : jamais ils ne reviendront ! DIEU NOUS AIDE !

XVIII

Mais qu'importe? Si Marsille s'est enfui, il a laissé son oncle Marganice, qui occupe Carthage pour son frère Garmaille, et aussi l'Éthiopie, une terre maudite. Ils sont ensemble plus de cinquante mille, au grand nez, aux larges oreilles, de ce peuple noir qu'il tient sous sa puissance. Ils chevauchent, animés d'une colère sauvage, et ils crient la devise païenne.

« Nous allons recevoir ici le martyre, dit Roland.
« Je sais bien que nous n'avons guère à vivre ; mais
« félon qui ne vendra chèrement sa vie ! Vous avez des
« épées bien fourbies, seigneurs : frappez donc. Ne
« laissez pas à la merci de ces païens votre vie et votre
« mort. Que notre douce France ne reçoive pas de
« vous cette humiliation ! Quand Charles, notre Sire,
« verra le traitement que nous aurons fait subir aux
« Sarrasins ; quand, parmi les morts, il reconnaîtra
« contre un des nôtres quinze des leurs, il ne manquera
« pas de nous bénir. » Dieu nous aide !

XIX

Quand il voit cette race maudite plus noire que l'encre, et qui n'a rien de blanc que les dents, le comte Roland dit : « A cette heure, je sais, à n'en pas « douter, que nous allons mourir aujourd'hui. Frap- « pez, Français, je vous l'ordonne ! » — « Malheur à « ceux qui seront en arrière ! » crie Olivier. Et à ce mot, les Français se précipitent dans la mêlée.

XX

Les païens, qui voient le petit nombre des Français, sentent augmenter leur orgueil et leur assurance. Ils se disent entre eux : « L'Empereur a le dessous! » Le Marganice, monté sur un cheval roux, le pique rudement de ses éperons d'or, et vient frapper Olivier par derrière, au milieu du dos; il lui découd sur le corps son blanc haubert, et lui fait sortir l'épieu au milieu de la poitrine. Et après, il lui dit : « Vous avez
« reçu là un fameux coup ! Charles vous a joué un
« mauvais tour en vous laissant à l'arrière-garde. S'il
« nous a fait du mal, il ne faut pas qu'il s'en vante :
« rien que sur vous, j'ai bien vengé les nôtres. »

XXI

Olivier sent qu'il est frappé à mort. Il tient Hauteclaire, à l'acier bruni, et frappe Marganice sur son cimier d'or ; il en écrase les fleurs et les pierreries. Il fend la tête de l'infidèle jusqu'aux dents du bas, et s'écrie : « Maudit sois-tu, païen ! Je ne dis pas que
« Charles n'ait point perdu; mais tu ne pourras te van-
« ter, ni à ta femme ni à aucune dame de ton pays,
« de m'avoir enlevé pour un denier vaillant, ni d'avoir
« fait dommage à moi ni à d'autres. » Puis il appelle Roland à son secours. DIEU NOUS AIDE !

XXII

Olivier sent qu'il est frappé à mort. Il ne peut pas ajourner sa vengeance. Il précipite ses coups au milieu de la mêlée, tranchant les lances et les boucliers, et les pieds et les poings, et les selles des chevaux et les côtes des cavaliers. Qui le verrait démembrer les Sarrasins, jeter un mort sur l'autre, garderait le souvenir d'un brave guerrier. Il ne veut pas oublier la devise de Charlemagne, et il crie : *Monjoie!* d'une voix haute et claire. Il invoque Roland, son ami et son pair : « Sire compagnon, joignez-vous à moi : ce jour,
« jour de douleur, va nous séparer. » Dieu nous aide!

XXIII

Roland regarde Olivier au visage : il le voit livide, pâle et sans couleur. Des raies d'un sang vermeil lui coulent par tout le corps et descendent jusqu'à terre. « Mon Dieu! dit Roland, que ferai-je à cette heure ? « Sire compagnon, votre courage est malheureux! Il « ne se trouvera jamais d'homme qui vous vaille. « Hélas! ma douce France, ce jour va te laisser veuve « de braves soldats, confondue et déchue! C'est pour « l'Empereur un grand dommage. » A ce mot, il se pâme sur son cheval. Dieu nous aide!

XXIV

Voici Roland pâmé sur son cheval, et Olivier blessé à mort. Il a tant saigné que sa vue en est trouble : de loin ni de près, il ne peut plus voir assez clair pour reconnaître personne. Comme il rencontre son compagnon, il le frappe sur son heaume incrusté d'or, et le fend jusqu'au nasal, mais sans atteindre la tête. A ce coup, Roland le regarde et lui demande avec douceur et tendresse: « Sire compagnon, le faites-vous « exprès? C'est Roland qui tant vous aime ! Vous ne « m'avez défié en aucune façon. » Olivier répond: « Je vous entends et ne vous vois pas : mais que Dieu « vous voie! Je vous ai frappé, pardonnez-le-moi. » — « Je n'ai point de mal, lui dit Roland. Je vous par« donne ici et devant Dieu. » A ces mots, ils s'inclinent l'un vers l'autre, et, sur ce tendre adieu, les voilà séparés.

XXV

Olivier sent les étreintes de la mort. Ses deux yeux lui tournent dans la tête : il perd l'ouïe, il achève de perdre la vue. Il descend de cheval, se couche par terre et accuse ses fautes à voix haute. Il lève au ciel ses deux mains jointes et prie Dieu de lui donner le Paradis et de bénir Charles, la douce France et son compagnon Roland par-dessus tous les hommes. Le cœur lui faut, la tête s'incline, tout le corps est étendu par terre. Le comte est mort, il n'est plus. Le brave Roland le pleure et se lamente, et vous n'entendrez jamais sur terre un homme plus affligé.

XXVI

Roland voit que son ami est mort; il le regarde étendu, la face contre terre, et s'attendrit à le regretter : « Sire compagnon, c'est pour votre malheur « que vous fûtes si brave! Nous avons été ensemble « bien des ans et des jours, et tu ne m'as jamais causé « de peine, et je ne t'ai jamais manqué. A présent « que tu es mort, ce m'est douleur de vivre. » A ces mots, Roland se pâme sur son cheval Veillantif. Mais, bien affermi dans ses étriers d'or, quelque part qu'il aille, il ne peut tomber.

XXVII

Avant que Roland ait pu se reconnaitre et revenir de sa pamoison, un grand désastre s'est accompli autour de lui. Les Français sont morts; il a perdu tous les siens, hors l'Archevêque et Gautier de Luz. Celui-ci est descendu des montagnes et s'est bien battu contre les Espagnols. Ses hommes ont péri, vaincus par les païens. De gré ou de force, il s'enfuit le long de la vallée, appelant à grands cris Roland à son secours : « Ah ! noble comte, vaillant homme, où es-tu ? « Je n'ai jamais eu peur auprès de toi ! C'est moi, Gau-« tier, le vainqueur de Maëlgut, le neveu du vieux « Droun à la tête chauve. Tu m'aimais pour mon cou-« rage. Et voilà que ma lance est brisée, que mon écu « est percé, que mon haubert est démaillé et rompu ! « Un épieu a traversé mon corps : il me faut mourir ; « mais j'ai vendu chèrement ma vie ! » Roland, qui entend ces mots, pique son cheval et accourt à lui. Dieu nous aide !

XXVIII

Roland, plein de douleur et de colère, commence à frapper au milieu de la mêlée. Il renverse morts vingt Espagnols, et Gautier six, et l'Archevêque cinq. « Funestes hommes ! disent les païens. Empêchez, « seigneurs, qu'ils ne s'en aillent vivants ! Félon fieffé « qui ne tombe sur eux, et honni qui les laisse échap-« per ! » Alors recommencent les huées et les cris, et de toutes parts on se jette sur les preux. Dieu nous aide !

XXIX

C'est un noble guerrier que le comte Roland, un excellent chevalier que Gautier de Luz, et l'Archevêque est un preux éprouvé. Aucun d'eux ne veut rien laisser à faire aux autres. Ils frappent dans les rangs serrés des païens.

Mille Sarrasins descendent à pied et quarante mille à cheval. Ils n'osent, — je le dis, car je le sais, — ils n'osent approcher les trois preux. Mais ils leur adressent de loin épieux et lances, et javelots et dards, et traits et flèches et piques. Les premiers coups ont mis à mort Gautier. Turpin de Reims a son écu percé, son heaume brisé, avec une blessure à la tête, son haubert rompu et démaillé. Il a quatre épieux dans le corps. Il a eu son cheval tué sous lui. L'Archevêque tombe, et c'est un grand deuil. Dieu nous aide !

XXX

Quand Turpin de Reims se sent renversé avec quatre épieux dans le corps, le brave se relève vivement, regarde Roland, court à lui et lui crie : « Non, « je ne suis pas vaincu ! Jamais un bon soldat n'est ré- « duit vivant. » Il tire Almace, son épée d'acier bruni ; au plus épais de la mêlée il frappe mille coups et plus sans épargner personne. Charlemagne l'a dit depuis, qui trouva autour de Turpin quatre cents païens, les uns blessés, d'autres coupés en deux, d'autres sans leur tête. La *Geste* le dit, et aussi celui qui était là, présent sur le champ de bataille, le brave saint Gilles, pour qui Dieu fait des miracles, et qui écrivit la charte au moutier de Laon. Qui ne la connaît pas bien ne sait pas cette histoire.

XXXI

Le comte Roland se bat en brave. Il étouffe de chaleur, et son corps est couvert de sueur. Sa tête blessée lui cause une vive souffrance. En cornant il s'est rompu la tempe. Mais il veut voir si Charlemagne reviendra ; il saisit l'oliphant et en tire un son faible. L'Empereur s'arrête ; il écoute. « Seigneurs, dit-il, « nos affaires vont bien mal : nous allons perdre au- « jourd'hui mon neveu Roland ; j'entends à son cor- « ner qu'il va bientôt mourir. Qui veut être là, che- « vauche vivement ! Sonnez vos trompettes, tant qu'il « y en a dans l'armée. » Soixante mille sonnent si fort que les monts en retentissent et que les vallées y répondent. Les païens l'entendent, qui ne le prennent point en plaisanterie ; car ils se disent l'un à l'autre : « Voici déjà Charles sur nous ! »

XXXII

Les païens disent : « L'Empereur revient! » — Dieu nous aide ! — « On entend sonner les trompettes des « Français. Si Charles nous rejoint, Dieu! quel dé- « sastre! Si Roland vit, la guerre recommence, et « nous perdons notre terre d'Espagne! » Ils se rassemblent quatre cents bien armés et de ceux qui passent pour les meilleurs au camp des païens ; ils livrent à Roland un rude et cruel assaut, et le comte a maintenant fort à faire. Dieu nous aide !

XXXIII

Le comte Roland, quand il les voit revenir, rassemble ses forces, son courage et sa fierté : il ne leur laissera point la place tant qu'il sera vivant. Il est monté sur son cheval Veillantif ; il le pique de ses éperons d'or fin, et les va tous assaillir au milieu de leurs rangs pressés. L'Archevêque est avec lui. Et les Sarrasins se disent l'un à l'autre : « Amis, tirez « par ici. Nous avons entendu les trompettes des « Français : c'est Charles qui revient, le puissant « Roi! »

XXXIV

Le comte Roland n'aima jamais les couards, ni les orgueilleux, ni les hommes de mauvais vouloir, ni chevalier qui ne fût brave. Il interpelle l'Archevêque Turpin : « Sire, vous êtes à pied et je suis à cheval.
« Pour l'amour de vous, je prends ici ma place : nous
« partagerons ensemble la bonne et la mauvaise for-
« tune. Je ne vous abandonnerai pour nul homme de
« chair. Nous allons aujourd'hui rendre aux païens
« leur assaut. Les meilleurs coups sont ceux de Du-
« randal. » L'Archevêque répond : « Félon qui ne
« frappe rudement ! Charles revient, qui va bien nous
« venger ! »

XXXV

Les païens disent : « Nous sommes nés pour le
« malheur ! Ce jour s'est levé funeste pour nous !
« Nous avons perdu nos seigneurs et nos pairs.
« Charles, le guerrier terrible, revient avec sa grande
« armée. On entend les trompettes éclatantes des
« Français et le vacarme de leurs cris de *Monjoie !*
« Le comte Roland est si fier, qu'il ne se laissera
« vaincre par nul homme de chair. Réunissons nos
« coups sur lui, et après nous le laisserons là. » Et une

pluie de dards, et de javelots, et d'épieux, et de lances et de flèches empennées, tombe sur lui. L'écu de Roland est brisé, troué ; son haubert, rompu et démaillé. Cependant ils n'ont pas pu atteindre son corps, mais ils ont blessé sous lui Veillantif en vingt endroits et ils l'ont laissé mort. Après cela, les païens s'enfuient et laissent là Roland. Le preux reste à pied. Dieu nous aide !

XXXVI

Les païens s'enfuient pleins de courroux et de rage. Ils dirigent leur course vers l'Espagne. Le comte Roland n'est pas en état de les poursuivre : il a perdu Veillantif, son destrier ; qu'il le veuille ou non, il lui faut rester à pied. Il va secourir l'Archevêque Turpin, il lui débarrasse la tête de son heaume d'or, il lui retire son haubert brillant et léger, il lui coupe tout son justaucorps pour bander ses grandes plaies béantes, puis il le presse contre son cœur, l'étend doucement sur l'herbe verte et le prie bien tendrement : « Mon gen-
« tilhomme, donnez-moi congé. Nos compagnons, qui
« nous furent si chers, sont morts à cette heure : nous
« ne devons pas les abandonner. Je veux les aller
« chercher et les reconnaître, les apporter auprès de
« vous et les mettre en rang. » L'Archevêque lui ré-

pond : « Allez et revenez. Ce champ nous reste, à vous
« et à moi : que Dieu en soit béni ! »

XXXVII

Roland part, il va tout seul sur le champ de bataille, il fouille la vallée, il fouille la montagne, il trouve Gérer et son compagnon Gérin, il trouve Bérenger et Othon, il trouve Anséis et le duc Sanche, il trouve Gérard, le vieux de Roussillon. Le Baron les prend un à un, les apporte à l'Archevêque et les dépose en rang à ses genoux. L'Archevêque ne peut se défendre de pleurer. Il lève sa main, les bénit et leur dit : « Vous avez été malheureux, seigneurs !
« Que le Dieu de gloire reçoive toutes vos âmes !
« qu'il les fasse reposer sur les saintes fleurs dans
« son Paradis ! Je suis dans les angoisses de la mort,
« et je ne verrai plus le puissant Empereur ! »

XXXVIII

Roland part, il va encore fouiller le champ de bataille. Il trouve son compagnon Olivier, il le presse étroitement contre son cœur, il revient comme il peut auprès de l'Archevêque, couche son cher mort sur un écu auprès des autres. L'Archevêque les absout et les bénit. Le deuil et la pitié redoublent. Et Roland dit :

« Olivier, mon beau compagnon, vous étiez le fils du
« vaillant duc Regnier qui tenait la marche jusqu'au val
« de Runers. Pour rompre une lance, pour mettre en
« pièces un écu, pour vaincre et faire trembler les
« insolents, et pour donner un bon conseil aux hon-
« nêtes gens, il n'y eut en aucun pays du monde meil-
« leur chevalier. »

XXXIX

Le comte Roland, qui voit morts ses pairs et Olivier qu'il aimait si fort, se sent pris de tendresse et commence à pleurer. Son visage est sans couleur, et sa douleur est telle qu'il ne peut se soutenir; qu'il le veuille ou non, il tombe à terre évanoui. L'Archevêque dit : « Quelle vaillance mal récompensée ! »

XL

L'Archevêque, quand il voit Roland s'évanouir, en éprouve une telle douleur, que jamais il n'en eut de si grande. Il avance la main et prend l'oliphant.

Dans ce val de Roncevaux, il est une eau courante. L'Archevêque veut y aller pour en donner à Roland. Il se traîne d'un pas chancelant, il est si faible qu'il ne peut avancer; il n'a plus de force, il a perdu trop de sang. Avant qu'il ait pu faire la longueur d'un arpent, le cœur lui faut, il tombe la face contre terre, dans toutes les angoisses de la mort.

XLI

Le comte Roland revient de son évanouissement, il se redresse sur ses pieds, mais il sent une grande douleur. Il regarde au-dessous de lui et au-dessus, et il voit, plus loin que ses compagnons, le noble Baron étendu sur le pré, je veux dire l'Archevêque, le mandataire de Dieu. Il accuse ses fautes, il lève les yeux en haut, il tend vers le Ciel ses mains jointes et supplie Dieu de lui donner son Paradis. Turpin est mort, le bon soldat de Charlemagne! Il fut en tout temps, par ses exploits guerriers et par tant de beaux sermons, un rude champion contre les païens. Que Dieu lui accorde sa sainte bénédiction! Dieu nous aide!

XLII

Le comte Roland voit l'Archevêque à terre, les entrailles pendantes hors du corps, la cervelle fumant sur le front. Il lui croise ses belles mains blanches sur la poitrine, entre les deux mamelles. Il lui adresse ses adieux, à la mode de son pays : « Hélas! mon « gentilhomme, chevalier de bonne allure, je te re-

« commande à notre glorieux Père qui est au Ciel.
« Jamais homme ne sera de meilleure volonté pour
« le servir. Jamais il n'y eut depuis les Apôtres pareil
« prophète pour maintenir la loi et pour ramener les
« hommes. Que pour ces mérites votre âme soit sau-
« vée ! que la porte du Paradis lui soit ouverte ! »

XLIII

Roland sent venir la mort. Sa cervelle s'en va par
les oreilles. Il prie Dieu pour ses pairs, lui demande
de les appeler à lui, et invoque pour lui-même l'Ange
Gabriel. Il prend l'oliphant, pour rester sans reproche,
et de l'autre main il prend son épée Durandal. Il ne
pourrait lancer un trait d'arbalète ! Il gravit une éminence en regard de l'Espagne, entre dans un guéret.
Il y a dans ce champ, sous un bel arbre, quatre perrons de marbre. C'est là que Roland tombe, renversé
sur l'herbe verte. Il s'évanouit, car la mort est proche.

XLIV

Hauts sont les pics, plus hauts sont les arbres.
Quatre perrons sont là de marbre étincelant. Le comte
Roland est évanoui sur l'herbe verte. Un Sarrasin le
voit et le guette, fait le mort, couché entre les cadavres, après s'être taché de sang le corps et le visage.

8

Il se dresse sur ses pieds et se précipite sur Roland.
C'est un bel homme que ce païen, et fort et de grande
bravoure. L'orgueil lui met au cœur une mortelle rage.
Il saisit Roland, corps et armes, et jette ce cri :
« Vaincu, le neveu de Charles ! Je porterai cette épée
« en Arabie ! » Et comme il la tire, le comte reprend
un peu connaissance.

XLV

Le comte sent qu'on lui enlève son épée ; il ouvre
les yeux et ne dit que ce mot : « Sur mon âme,
« tu n'es point des nôtres ! » Il tient l'oliphant que
jamais il ne veut lâcher, il en frappe le païen sur son
heaume ciselé d'or, il brise l'acier, et la tête, et les os,
il lui fait sortir les deux yeux de la tête, et l'abat mort
à ses pieds. « Infâme, dit-il ensuite, comment pou-
« vais-tu être si osé que de mettre la main sur moi, à
« droit ou à tort ? Qui l'entendra raconter te tiendra
« pour fou. J'en ai fendu le gros bout de mon oliphant,
« et l'or et les pierreries en sont tombées. »

XLVI

Roland s'aperçoit qu'il ne voit plus. Il se dresse
sur ses pieds et s'évertue tant qu'il peut, mais son visage est sans couleur. Une roche brune est devant lui :

de douleur et de colère, il y frappe dix coups de Durandal. L'acier grince, mais sans rompre ni s'ébrécher. Le preux dit : « Sainte Marie, aidez-moi ! Ah !
« ma Durandal, si bonne et si malheureuse ! Quand je
« n'ai plus besoin de vous, j'en ai encore souci. J'ai
« gagné par vous tant de batailles dans la campagne,
« j'ai conquis tant de vastes domaines qui sont aujour-
« d'hui au pouvoir de Charles à la barbe blanche !
« Que jamais homme ne vous possède, qui soit capable
« de fuir devant un autre ! C'est un vaillant capitaine
« qui vous a tenue : il n'y en aura jamais un pareil
« en France, la terre de la liberté ! »

XLVII

Roland frappe sur une roche de sardoine. L'acier grince, mais sans rompre ni s'ébrécher. Quand il voit que l'épée demeure intacte, il commence à se plaindre lui-même : « Hélas ! ma Durandal, que tu es claire et
« flamboyante au soleil ! Charles était dans les vallons
« de Maurienne, quand Dieu lui envoya du Ciel son
« Ange pour lui commander de te donner à un vail-
« lant capitaine. Alors le grand, le noble Roi te mit
« à mon flanc. Avec toi je lui conquis la Normandie
« et la Bretagne ; avec toi je lui conquis le Poitou et
« le Maine ; avec toi je lui conquis la Bourgogne et la
« Lorraine ; avec toi je lui conquis la Provence et

« l'Aquitaine, et la Lombardie et toute la Romagne ;
« avec toi je lui conquis la Bavière et toute la Flandre,
« et l'Allemagne et toute la Pouille, Constantinople,
« dont il reçut la foi, la Saxe où règne sa volonté ;
« avec toi je lui conquis l'Écosse, le pays de Galles,
« l'Islande et l'Angleterre, qu'il regardait comme sa
« province ; avec toi je conquis tant de pays et tant
« de domaines où règne Charles qui a la barbe blanche.
« Que j'ai pour cette épée de douleur et de tourment !
« Mieux vaut mourir que de la laisser aux païens.
« Dieu, notre Père, épargne cette honte à la France ! »

XLVIII

Roland frappe sur une roche grise. Il en abat plus que je ne saurais vous le dire. L'acier grince sans se tordre ni se briser. L'épée ressort contre le Ciel. Quand le comte voit qu'elle demeure intacte, il la plaint bien doucement en lui-même : « Ah ! ma Durandal, que tu « es belle et sainte ! que tu enfermes de reliques dans « ta garde dorée ! Une dent de saint Pierre et du « sang de saint Basile et des cheveux de Monsei- « gneur saint Denis ; du vêtement de la Vierge Ma- « rie ! Il ne se doit pas que des païens vous pos- « sèdent : vous devez demeurer au service des Chré- « tiens. Ne tombez pas aux mains d'un homme ca- « pable d'une couardise. Que de vastes domaines

« j'aurai par vous conquis, où règne maintenant
« Charles à la barbe fleurie, et qui font l'Empereur
« puissant et riche ! »

XLIX

Roland sent que la mort s'empare de lui et lui descend de la tête au cœur. Il est allé courant sous un pin, il s'est couché la face contre terre, il a mis sous lui sa Durandal et son oliphant, il a tourné sa tête vers la gent païenne. Il a fait cela, le noble comte, parce qu'il veut absolument que Charles dise, et tous les siens, qu'il est mort en conquérant. Il se frappe la poitrine à petits coups et longtemps, et pour ses péchés il tend son gant au Ciel.

L

Roland sent bien qu'il n'a plus le temps à lui. Étendu sur un pic qui regarde l'Espagne, il frappe de la main sa poitrine : « Mon Dieu, par tes vertus efface
« mes fautes et mes péchés, les grands et les petits,
« tous ceux que j'ai faits depuis l'heure où je suis né
« jusqu'à ce jour où me voici venu ! » Il tend à Dieu son gant droit, et les Anges du Ciel descendent auprès de lui. DIEU NOUS AIDE !

LI

Le comte Roland est étendu sous un pin, le visage tourné vers l'Espagne. Bien des souvenirs lui reviennent alors à l'esprit. Il songe à tant de pays qu'il a conquis par son courage. Il songe à la douce France, à ceux de son lignage, à Charlemagne, son seigneur, qui le nourrit. Il ne peut retenir ses soupirs et ses larmes. Mais il ne veut pas se mettre lui-même en oubli, il accuse ses fautes et demande à Dieu merci : « Notre vrai Père, qui n'avez jamais trompé, qui avez « ressuscité saint Lazare d'entre les morts, qui avez « sauvé Daniel de la dent des lions, sauvez mon âme, « arrachez-la au péril des péchés que j'ai faits en ma « vie! » Il offre à Dieu son gant droit, et saint Gabriel le prend de sa propre main. La tête de Roland sur son bras s'incline, il s'en est allé, les mains jointes, à sa fin. Dieu envoie son Ange Chérubin et saint Michel du Péril, saint Gabriel vient avec eux, et ils emportent l'âme du comte en Paradis.

Roland est mort : Dieu a reçu son âme au Ciel!

CHANT IV

L'EXPIATION

ARGUMENT

Retour de Charlemagne à Roncevaux. — Sa douleur à la vue des morts. — Il se met à la poursuite de l'armée païenne. — Dieu arrête le soleil. — Tous les païens sont tués ou noyés. — Campement des Français. — Double vision que l'Ange Gabriel procure en songe à Charlemagne. — Fuite de Marsille à Saragosse. — Fureur des païens contre leurs dieux. — Désespoir de Bramidonie. — Message envoyé par Marsille à l'Émir Baligant. — L'Émir vient au secours de Marsille. — Charlemagne revient à Roncevaux; il cherche et trouve le corps de Roland. — Tendres regrets de l'Empereur. — Les Français ensevelissent leurs amis tués dans la bataille. — Arrivée des avant-gardes des païens. — Les Français se préparent au combat. — Ils sont partagés en dix légions. — L'Émir, averti par ses éclaireurs, appelle aux armes tous les païens. — Il les partage en trente légions. — Rencontre des deux armées. — Mort du Roi de Perse et du Roi de Lérie. — Promesses de Baligant à ses païens pour les enflammer. — Paroles de Charlemagne à ses Français. — Serment des Français. — Mort de Maupramis et de Canabeus. — Mort de Guinemant, de Gebuin et de Lorain, et du vieux Richard. — Ogier le Danois écrase à ses pieds et le dragon et l'enseigne de Baligant, mauvais présage pour les païens. — Duel de l'Empereur et de l'Émir. — Intervention de saint Gabriel. — Mort de Baligant. — Fuite et mort des païens. — Mort de Marsille. — Prise de Saragosse. — Baptême de ses habitants. — Bramidonie est emmenée prisonnière en France. — Arrivée à Aix. — Mort de la belle Aude, fiancée de Roland. — Procès de Ganelon. — Combat singulier de Pinabel et de Thierry. — Mort de Pinabel, pendaison de ses répondants. — Supplice de Ganelon. — Baptême de Bramidonie. — Saint Gabriel apparaît en songe à Charlemagne et lui commande d'aller au secours du Roi de Syrie.

CHANT IV

L'EXPIATION

I

L'Empereur rentre dans la vallée de Roncevaux. Il n'est pas un chemin, pas un sentier, pas une aune, pas un pied de terre que ne couvre un cadavre de Français ou de paien. Charles s'écrie : « Où êtes-vous, « mon beau neveu? Où est l'Archevêque et le comte « Olivier? Où est Gérin et son compagnon Gérer? Où « sont le comte Bérenger et Othon, Ive et Ivore, que « j'avais en si grande affection? Qu'est devenu Ange-

« lier le Gascon? et le duc Sanche? et le brave An-
« séis? Où est le vieux Gérard de Roussillon? Où les
« douze pairs que j'avais laissés? »

Vaines paroles, auxquelles pas un ne peut répondre !

« Dieu! dit le Roi, puis-je assez m'affliger de
« n'avoir pas été au début de cette bataille! » Il
s'arrache la barbe comme un homme au désespoir;
les larmes coulent des yeux de ses vaillants chevaliers; vingt mille tombent par terre, évanouis; le duc
Neimes est ému d'une pitié profonde.

II

Il n'est chevalier ni Baron qui de pitié ne pleure
amèrement. Ils pleurent leurs fils, leurs frères, leurs
neveux, et leurs amis, et leurs seigneurs liges; la plupart gisent pâmés contre terre. Le duc Neimes agit
alors en homme sage; tout le premier, il dit à l'Empereur: « Regardez à deux lieues en avant de nous;
« vous pouvez voir les grands chemins poudreux : ils
« sont couverts de cette race païenne. Chevauchez
« donc, et vengez cette douleur! » — « Hé Dieu! dit
« Charles, ils sont déjà bien loin! Conseillez-moi selon
« le droit et l'honneur. Ils m'ont enlevé la fleur de
« notre douce France. » Le Roi commande à Gébuin
et à Othon, à Thibaut de Reims et au comte Milon;

« Gardez le champ, les monts et les vallées. Laissez
« les morts couchés comme ils sont. Que ni lion ni
« autre bête n'y viennent toucher; que n'y viennent
« toucher ni écuyer ni valet. Je vous défends d'y lais-
« ser toucher aucun homme, jusqu'à ce que Dieu
« veuille que nous revenions en ce champ. » Et ils lui
répondent avec une tendre soumission : « Droit Empe-
« pereur, cher Sire, ainsi ferons-nous. » Et ils retiennent avec eux mille chevaliers de leur suite. Dieu
nous aide !

III

L'Empereur fait sonner ses trompettes. Puis il chevauche bravement avec sa grande armée; ils pourchassent tous d'un même cœur les Espagnols qui leur
tournent le dos.

Quand le Roi voit venir le soir, il descend en un pré,
sur l'herbe verte; il se prosterne à terre et demande
au Seigneur Dieu de faire arrêter pour lui le soleil, de
retarder la nuit et de prolonger le jour. Voici un Ange,
qui souvent l'entretient, et qui lui donne rapidement
cet ordre : « Charles, chevauche : le jour ne te fait pas
« défaut! Tu as perdu la fleur de la France, Dieu le
« sait; tu peux te venger de cette race criminelle. »

A ces mots, l'Empereur est remonté à cheval. Dieu
nous aide !

IV

Dieu fait pour Charlemagne un bien grand miracle, car le soleil s'est arrêté immobile. Les païens s'enfuient, les Français les pourchassent vivement; ils les atteignent au Val Ténébreux. Les Français poussent les païens vers Saragosse; ils les tuent sous leurs coups bien frappés (1); ils coupent aux fuyards les chemins et les issues. L'eau de l'Èbre est devant eux; elle est merveilleusement profonde et rapide; il n'y a là ni barque, ni bateau, ni chaland. Les païens invoquent un de leurs dieux, Tervagant, puis sautent dans le fleuve. Mais ils n'y trouvent point leur salut. Les mieux armés sont les plus pesants; quelques-uns coulent au fond, d'autres vont flottant au courant de l'eau; les plus chanceux ont bu d'autant. Tous périssent noyés dans des angoisses épouvantables. Et les Français s'écrient : « Roland, quel fut votre sort! » Dieu nous aide !

V

Quand Charles voit que tous les païens sont morts, quelques-uns occis et la plupart noyés, ce qui vaut un riche butin à ses chevaliers, le noble Roi a mis pied à

---

(1) Littéralement : « à coups pleins, » *a colps pleners.*

terre et s'est prosterné pour rendre grâces à Dieu.
Quand il se relève, le soleil est couché. L'Empereur
dit : « C'est l'heure de prendre gîte. Il est trop tard
« pour retourner à Roncevaux. Nos chevaux sont las
« et fatigués; ôtez-leur la selle et le frein de leur
« bouche, et les laissez rafraîchir dans ces prés. »
Les Français répondent : « Sire, vous dites bien. »
Dieu nous aide !

VI

L'Empereur a pris ses quartiers. Les Français descendent sur la terre déserte; ils ont enlevé les selles de leurs chevaux, les freins d'or, et jeté bas les têtières; ils leur livrent les prés où abonde l'herbe fraîche : c'est le seul pansement qu'ils leur puissent faire. Qui est bien las s'endort contre terre, et pour cette nuit il n'y a pas de sentinelles.

VII

L'Empereur s'est couché sur le pré. Il a posé son grand épieu à son chevet, car le brave ne veut pas cette nuit désarmer. Il est vêtu de son blanc haubert à franges; il porte en tête son heaume ciselé d'or; il porte au flanc Joyeuse, qui n'eut jamais son égale et qui jette chaque jour trente étincelles. Combien avons-nous ouï parler de la lance dont Notre-Seigneur fut percé sur la Croix! Grâce à Dieu, Charles en possède le fer : il l'a fait mettre dans la poignée d'or de son épée. C'est pour cet honneur et pour cette vertu que le nom de Joyeuse lui fut donné : les Barons français ne doivent pas l'oublier, car ils en ont tiré leur cri de *Monjoie!* qui fait qu'aucun peuple ne peut leur résister.

VIII

La nuit est claire et la lune brillante. Charles est couché, mais son cœur est en deuil de Roland. Le regret d'Olivier, des douze pairs et des soldats français l'oppresse. Il a laissé tant de morts à Roncevaux! Il ne peut se défendre d'en pleurer et de s'agiter, et prie Dieu de sauver ces âmes. Le Roi est las, sa fatigue est si grande! Il s'endort, n'en pouvant plus. Les Français dorment dans tous les prés. Il n'est pas un cheval qui puisse se tenir debout. Celui qui a faim broute l'herbe étendu. Et qui connaissait bien la peine la connaît encore mieux.

IX

Charles dort comme un homme inquiet. Dieu envoie saint Gabriel à l'Empereur et lui en commet la garde.

L'Ange se tient toute la nuit au chevet de Charlemagne et lui annonce par un songe qu'il va trouver une bataille. Il lui fait voir des signes bien sinistres. Charles regarde là-haut, dans le Ciel : il voit les tonnerres, et les vents, et les gelées, et les orages, et les effroyables tempêtes, et les feux, et les flammes qui les accompagnent. Tout à coup, cette pluie brûlante fond sur son armée. Ces lances de frêne et de pommier s'enflamment, et ces écus jusqu'aux boucles d'or pur ; le fut éclate à ces épieux tranchants, l'acier gémit à ces heaumes et à ces hauberts. Charlemagne voit la désolation de ses chevaliers : ours et léopards les veulent dévorer, et serpents et vipères, et dragons et monstres diaboliques, et griffons, — il y en a plus de trente mille ! — dont pas un seul qui ne se jette sur les Français. Et les Français crient : « Charlemagne, « au secours ! » Le Roi, ému de douleur et de pitié, veut courir ; mais il se sent retenu. Du fond d'un désert arrive un grand lion, respirant la cruauté, l'orgueil, la férocité ; il s'adresse à Charlemagne lui-même et vient l'assaillir. Ils s'étreignent tous deux pour lutter. Mais on ne sait lequel l'emporte ni lequel succombe.

L'Empereur ne se réveille pas.

X

Charlemagne a une autre vision après celle-là. Il est en France, à Aix, sur un perron; il tient un ourson attaché d'une double chaîne. Du côté des Ardennes, il voit arriver trente ours, parlant tous comme les hommes. Ils lui disent : « Sire, rendez-le-nous. Il « n'est pas juste que vous l'ayez. Nous devons secou- « rir notre parent. » Mais du palais un limier accourt au milieu des ours, assaillit le plus grand sur l'herbe verte, auprès de ses compagnons. Le Roi assiste à un merveilleux combat. Mais il ne saurait reconnaître le vainqueur ni le vaincu.

L'Ange de Dieu fait voir ces choses au héros. Et Charles dort jusqu'au grand jour.

XI

Le Roi Marsille s'enfuit à Saragosse. Il met pied à terre à l'ombre d'un olivier; il remet à ses valets son épée, son heaume et sa cuirasse, et se couche piteusement sur l'herbe verte. Il a tout à fait perdu la main droite, et en voyant le sang qui sort, il se pâme d'angoisse; devant lui, sa femme Bramidonie pleure et crie, et se désole violemment. Plus de trente mille hommes sont avec lui, qui maudissent Charles et notre douce

France. Ils courent en une grotte à leur Apolin, le querellent et l'accablent d'injures : « Ah! méchant dieu, « pourquoi nous as-tu fait une telle honte? C'est notre « Roi : pourquoi l'as-tu laissé confondre? Le mauvais « loyer que tu donnes à ceux qui te servent trop bien ! » Et ils lui enlèvent sa couronne et son sceptre, et le pendent par les mains à une colonne. Ils le renversent à terre sous leurs pieds, le frappent à grands coups de bâton et le brisent. Ils enlèvent à Tervagant son escarboucle et jettent Mahomet dans un fossé, où il est la pâture et la litière des chiens et des pourceaux.

XII

Marsille revient de son évanouissement. Il se fait porter en sa chambre voûtée, enluminée de peintures et d'inscriptions de toutes couleurs. La Reine Bramidonie pleure sur Marsille ; elle s'arrache les cheveux, se plaint de son malheur, se désole et se lamente, et s'écrie avec violence : « Ah! Saragosse, il ne peut « plus aujourd'hui te protéger, le noble Roi qui t'avait « sous sa tutelle! Nos dieux sont des félons qui, ce « matin, lui ont fait défaut dans la bataille. L'Émir est « un couard s'il ne combat cette race audacieuse « d'hommes assez fiers pour n'avoir aucun souci de « leur vie. Leur Empereur a la barbe blanche; il est « bien brave et bien téméraire : s'il a bataille, il ne

« s'enfuira point. Quel malheur qu'il n'y ait personne
« pour le tuer ! »

XIII

L'Empereur, par sa grande puissance, est resté
sept ans tout pleins en Espagne ; il y a pris châteaux
et nombre de villes. Le Roi Marsille en était fort
tourmenté. Au bout du premier an, il fit sceller un
bref qu'il envoya au vieil Émir Baligant, à Babylone,
à Baligant qui dépasse en antiquité Virgile et Homère.
Il lui mandait de venir le secourir à Saragosse ; lui annonçant que, s'il ne venait, il quitterait, lui Marsille, les
dieux et les idoles qu'il avait coutume d'adorer, recevrait la sainte loi des Chrétiens et s'allierait à Charlemagne. Mais Babylone est loin, et il y a longtemps de
cela. L'Émir a rassemblé l'armée de ses quarante
royaumes ; il a fait préparer ses grands navires, ses
esquifs et ses barques, et ses galères et ses nefs. Il a
son port d'Alexandrie sur la mer : il y fait assembler
toute sa flotte. Ce fut en mai, le premier jour d'été,
qu'il lança toutes ses forces sur la mer.

XIV

Grandes sont les forces de cette race ennemie. Ils
cinglent fort et nagent et gouvernent. Au sommet de

ces mâts et de ces hautes vergues, il y a tant de lanternes et tant de feux, ils projettent sur les eaux une telle lumière, que la mer est plus belle au milieu de la nuit profonde. Quand ils approchent de la terre d'Espagne, tout le pays en devient éclatant de lumière. Les nouvelles en arrivent jusqu'à Marsille. DIEU NOUS AIDE !

XV

La race païenne ne veut prendre aucun repos. Ils quittent la mer, ils entrent en eau douce ; ils laissent Marbrise et Marbrouse, ils tournent leurs navires en amont dans l'Èbre. Il y a tant de lanternes et tant de feux, que la nuit en reçoit une immense clarté. Les païens entrent ce même jour à Saragosse. DIEU NOUS AIDE !

XVI

Le jour est clair et le soleil radieux. L'Émir est descendu de son chaland. Espaneliz marche à sa droite. L'Émir est suivi de dix-sept Rois, et de comtes, et de ducs dont je ne sais pas le nombre. Sous un laurier, au milieu d'un champ, on jette un tapis blanc sur l'herbe verte ; on y pose un fauteuil d'ivoire. Le païen Baligant s'y assied ; tous les autres restent debout.

Leur seigneur parle le premier : « Entendez tous,
« francs et braves chevaliers : le Roi Charles, l'Em-
« pereur des Français, ne doit pas manger si je ne le
« commande. Il m'a fait par toute l'Espagne une trop
« grande guerre. Je veux l'aller poursuivre dans sa
« douce France, et je ne m'arrêterai de ma vie qu'il
« ne soit mort ou qu'il ne se soit livré tout vif. » Et
il frappe son genou de son gant droit (1).

XVII

Après qu'il l'a dit, il s'y obstine ; et pour tout l'or
qui est sous le Ciel, il n'y renoncerait point, il faut
qu'il aille à Aix, où Charles tient ses plaids. Ses gens
louent son dessein et lui donnent leurs conseils. Il
appelle deux de ses chevaliers, l'un Clarifan et l'autre
Clarien : « Vous êtes fils du Roi Mautraïen, qui se
« chargeait bien volontiers de tels messages. Je vous
« ordonne d'aller à Saragosse : annoncez de ma part
« à Marsille que je viens à son secours contre les
« Français. Si je les trouve, il y aura une fameuse ba-
« taille ! Donnez-lui-en pour gage ce gant brodé d'or
« que vous lui ferez chausser en sa main droite. Por-
« tez-lui cette once d'or pur, et qu'il me vienne faire
« hommage pour son fief. J'irai en France faire la

(1) Pour confirmer ce qu'il vient de dire.

« guerre à Charlemagne : s'il ne se prosterne à mes
« pieds, ne se met à ma merci et n'abandonne la loi
« des Chrétiens, je lui retirerai la couronne de la
« tête. » Les païens lui répondent : « Sire, c'est très-
« bien dit. »

XVIII

Baligant dit : « Barons, à cheval ! Que l'un porte
« le gant et l'autre le bâton. » Et ils répondent :
« Ainsi ferons-nous, cher Sire. »

A force de chevaucher, ils arrivent à Saragosse.
Ils passent dix portes, ils traversent quatre ponts et
toutes les rues où les bourgeois habitent. Quand ils
approchent du haut de la cité, ils entendent du côté
du palais une grande rumeur : c'est une multitude de
cette race païenne, pleurant, criant, se démenant
dans sa vive douleur ; plaignant ses dieux Tervagant,
et Mahomet, et Apolin, dont il ne reste rien ; et se
disant l'un à l'autre : « Malheureux ! qu'allons-nous
« devenir ? Une fatale confusion est tombée sur nous,
« puisque nous avons perdu le Roi Marsille, à qui le
« comte Roland hier trancha le poing, puisque ce Ro-
« land nous a exterminé Jurfaleu le Blond. Toute
« l'Espagne est aujourd'hui à leur merci ! »

Les deux messagers descendent au perron.

XIX

Ils laissent leurs chevaux sous un olivier, deux Sarrasins les tiennent par les rênes. Les messagers, se tenant par leurs manteaux, montent tout en haut du palais. Quand ils entrent dans la chambre voûtée, ils font un doux salut plein d'affection : « Que Mahomet, « qui nous a en sa puissance, et Tervagant et Apolin « notre Sire, sauvent le Roi et gardent la Reine ! » — « Les folles paroles ! répond Bramidonie. Ces « dieux (nos dieux !) ne sont plus bons à rien. A Ron- « cevaux, leur courage s'est changé en lâcheté, ils ont « laissé tuer nos chevaliers ; au milieu de la bataille, « ils ont fait défaut à mon seigneur que voici et qui a « perdu le poing de la main droite que lui a tranché « le puissant comte Roland. Charles va tenir toute « l'Espagne sous sa domination. Que deviendrai-je, « captive désolée ? Ah ! malheureuse ! que n'ai-je un « homme qui m'ôte la vie ! » Dieu nous aide !

XX

« Madame, ne dites pas cela ! lui répond Clarien. « Nous sommes les messagers du païen Baligant qui « promet à Marsille de le défendre et qui lui envoie, « pour gage, son bâton et son gant. Nous avons sur

« l'Èbre quatre mille chalands, esquifs et barques et
« galères rapides, et des navires, je ne sais pas com-
« bien. L'Émir est riche et puissant, il ira poursuivre
« Charlemagne en France, et il compte l'avoir mort
« ou rendu à merci. » — « Cela tournera mal ! dit
« Bramidonie. Plus près d'ici vous pourrez trouver
« les Français : ils sont en ce pays déjà depuis sept
« ans, leur Empereur est brave et batailleur, aimant
« mieux mourir que de s'enfuir du champ de bataille. Il
« n'est Roi sous le Ciel dont il fasse plus de cas que
« d'un enfant. Charles ne craint âme qui vive. »

XXI

« Laissez tout cela, » dit le Roi Marsille. Et se
tournant vers les messagers : « Seigneurs, adressez-
« vous à moi. Vous me voyez en détresse de mort :
« je n'ai ni fils, ni fille, ni héritier; j'en avais un,
« hier soir il fut tué. Dites à mon seigneur de me
« venir voir. L'Émir a des droits sur l'Espagne : je
« la déclare à lui, s'il veut l'avoir. Qu'il la défende
« ensuite contre les Français. Je lui donnerai, à l'égard
« de Charlemagne, un bon conseil, et il l'aura ré-
« duit d'aujourd'hui en un mois. Portez-lui les clefs
« de Saragosse et dites-lui de ne pas s'éloigner,
« s'il veut m'en croire. » Et les messagers lui répondent : « Sire, vous dites vrai. » DIEU NOUS AIDE !

XXII

Marsille dit : « L'Empereur Charles m'a tué mes
« soldats, il a dévasté mon royaume, il a démantelé
« et violé mes villes. Il s'est arrêté cette nuit sur les
« rives de l'Èbre ; j'ai calculé qu'il n'est qu'à sept
« lieues d'ici. Dites à l'Émir d'y conduire son armée;
« je lui mande par vous d'y engager bataille. » Et il
leur livre les clefs de Saragosse. Les deux messagers
le saluent, prennent congé de lui et là-dessus s'en
retournent.

XXIII

Les deux messagers sont montés à cheval, ils sortent promptement de la ville, vont tout effrayés retrouver l'Émir et lui présentent les clefs de Saragosse. Baligant leur demande : « Qu'avez-vous trouvé? Où
« est Marsille que j'avais mandé? » — « Il est blessé
« à mort, répond Clarien. L'Empereur fut hier pour
« passer les défilés, il voulait retourner dans sa douce
« France. Pour plus de pompe, il se fait suivre d'une
« arrière-garde où reste le comte Roland son neveu,
« et Olivier et tous les douze pairs, et vingt mille
« Français en armes. Le brave Marsille leur livra

« combat : la bataille fut fatale à Roland et à lui (1).
« Roland lui donna un tel coup de Durandal, qu'il lui
« sépara la main droite du corps. Roland lui a tué son
« fils qu'il aimait tant et les Barons qu'il avait ame-
« nés. Marsille s'enfuit, n'y pouvant plus tenir; et
« l'Empereur l'a bien poursuivi. Le Roi vous mande
« de le secourir, il déclare que le royaume d'Espagne
« est à vous. »

Et Baligant, songeant à ce qu'il vient d'apprendre, en a une telle douleur que peu s'en faut qu'il n'en devienne fou. DIEU NOUS AIDE !

XXIV

« Seigneur Émir, dit Clarien, une bataille fut hier
« à Roncevaux : Roland est mort, et le comte Olivier
« et les douze pairs si chers à Charlemagne, vingt
« mille de leurs Français y sont morts! Le Roi Mar-
« sille y a perdu la main droite, et l'Empereur l'a
« bien poursuivi. Il n'est chevalier de ce pays qui ne
« soit occis ou noyé dans l'Èbre. Les Français sont
« campés sur la rive, ils se sont tant approchés de
« nous que, si vous voulez, la retraite leur sera dé-
« sastreuse. »

(1) Littéralement : « Lui et Roland sont restés sur le champ de « bataille. » Ce qui, au sens actuel du mot, n'est pas vrai de Marsille, puisque nous allons lire cinq vers plus bas : « Marsille s'en-
« fuit, n'y pouvant plus tenir. »

Les yeux de Baligant brillent de fierté, son cœur est en joie et en liesse ; de son fauteuil il se redresse sur ses pieds et s'écrie : « Barons, ne tardez plus ! « Sortez des nefs ! en selle ! et chevauchez ! Si le « vieux Charlemagne ne prend la fuite, le Roi Mar- « sille aujourd'hui sera vengé : je lui rendrai pour sa « main droite la tête de l'Empereur ! »

XXV

Les païens d'Arabie sont sortis des nefs, ils sont montés sur leurs chevaux et leurs mulets, ils vont, et ils ne pourraient aller plus vite. L'Émir, qui les a tous excités, interpelle Gémaufin, un sien ami : « Je « te remets le soin (1) de toutes mes armées. » Puis il est monté sur Baibrun, son destrier, et il emmène avec lui quatre généraux.

A force de chevaucher, il arrive à Saragosse, il descend au perron de marbre, et quatre comtes lui tiennent l'étrier. Il monte les degrés du palais, et Bramidonie accourt à sa rencontre et lui dit : « Hélas (2) ! que je suis malheureuse ! Sire, j'ai eu

---

(1) *Aün.* Littéralement, l'action d'unir. Il lui remet le soin de l'ensemble, les fonctions auxquelles on a chez nous, depuis Louis XIV, attaché le titre de *major général de l'armée.*

(2) *Dolente !*

« la honte de perdre mon seigneur ! » Elle tombe aux pieds de l'Émir, qui la relève. Et ils montent tout dolents (1) dans la chambre d'en haut. Dieu nous aide !

XXVI

Quand Marsille voit Baligant, il appelle deux Sarrasins d'Espagne : « Prenez-moi à bras et me dressez « sur mon séant. » De la main gauche il prend un de ses gants : « Seigneur Roi Émir, dit-il, je vous « remets ici toutes mes terres et Saragosse et le do-« maine qui en dépend. Je me suis perdu et avec moi « tout mon peuple ! » L'Émir répond : « Grande en « est ma douleur. Mais je ne puis avoir avec vous un « long entretien : je sais trop que Charles ne m'at-« tendrait pas. Et néanmoins je reçois votre gant. » Puis il s'en va en répandant des larmes. Dieu nous aide !

XXVII

Il descend les degrés du palais, monte à cheval et pique vers son armée. Tant il chevauche qu'il passe en avant et va de l'un à l'autre en criant : « Alerte,

(1) *Ad doel.*

« païens ! car déjà les Français s'en vont en grande
« hâte ! » DIEU NOUS AIDE !

XXVIII

Le matin, quand paraît la première aube, l'Empereur Charles s'éveille. Saint Gabriel, que Dieu a commis pour le garder, lève la main et fait sur lui le signe de la Croix. Le Roi se lève, quitte ses armes, tous les autres dans l'armée se désarment comme lui, puis ils montent à cheval et chevauchent en diligence par ces longues voies et ces chemins si larges. Ils vont voir le prodigieux désastre de Roncevaux, là où fut la bataille. DIEU NOUS AIDE !

XXIX

Charles est rentré à Roncevaux. Il pleure à la vue des morts, et il dit aux Français : « Seigneurs, ralen-
« tissez le pas : il faut que j'aille en avant, car je
« voudrais trouver mon neveu. Un jour, à Aix, à une
« fête annuelle (1), mes vaillants chevaliers racontaient

---

(1) M. Génin relate ici un texte latin cité ailleurs par M. Fr. Michel, et « d'où il résulte que par *festes annuelles* il faut entendre
« Noël, Pâques et la Pentecôte. C'étaient, ajoute M. Génin, les
« époques de cours plénières ; le calendrier du douzième siècle

« leurs grandes batailles, leurs rudes et terribles as-
« sauts (1) : j'entendis Roland tenir ce propos, que,
« s'il mourait en pays étranger, il mourrait, le brave!
« en avant de ses soldats et de ses pairs, le visage
« tourné vers la terre ennemie, pour finir en conqué-
« rant. »

Charles va devant les autres un peu plus loin qu'on ne pourrait lancer un bâtonnet, et il monte sur un pic.

XXX

L'Empereur, cherchant son neveu, trouve le pré couvert de tant d'herbes et de fleurs toutes rouges du sang de nos Barons, qu'ému de pitié il ne peut retenir ses larmes. Le Roi arrive sous deux arbres, il reconnaît les coups de Roland marqués sur trois perrons (2) et voit son neveu étendu sur l'herbe verte. Il ne faut pas s'étonner si Charles frémit de colère. Il met pied à terre, va tout courant à son neveu, le soulève de ses deux mains, et se pâme sur lui, tant son angoisse est forte !

« appelait fêtes annuelles celles que notre calendrier moderne
« appelle fêtes mobiles. »

Il y a ici une légère contradiction, car la fête de Noël n'est point mobile, elle est célébrée tous les ans le 25 décembre.

(1) Littéralement : « Forts assauts pléniers. »
(2) Les coups frappés pour briser Durandal.

XXXI

L'Empereur revient de sa pamoison. Le duc Neimes et le comte Acelin, Geoffroy d'Anjou et son frère Henri prennent le Roi et le font asseoir sous un piñ. Il regarde à terre, il voit son neveu étendu et se prend à le regretter avec une vive tendresse : « Ami Roland, Dieu t'ait en sa merci ! Jamais homme n'a vu ici-bas un chevalier tel que toi pour engager et terminer les grandes batailles. Ma gloire arrive à son déclin. » Et Charles se pâme encore, sans pouvoir s'en empêcher. Dieu nous aide !

XXXII

Le Roi Charles revient de sa pamoison. Quatre de ses Barons le tiennent par les mains. Il regarde à terre et voit son neveu étendu, le corps intact, mais sans couleur, les yeux tournés et remplis de ténèbres. Charles le plaint d'un cœur fidèle et tendre : « Ami Roland, Dieu fasse reposer ton âme sur les fleurs de son Paradis, entre ses Saints glorieux ! Quel malheur que tu sois venu en Espagne ! Il ne se passera plus un jour sans que je te pleure. Combien vont déchoir ma force et ma joie ! Qui sera maintenant le soutien de mon empire ? Je ne me connais plus

« sous le Ciel un seul ami. Si j'ai des parents, je n'en
« ai pas un de ta valeur. »

Il s'arrache les cheveux à pleines mains. Et cent mille Français en ont une si vive douleur, qu'il n'en est pas un qui ne pleure amèrement. DIEU NOUS AIDE !

XXXIII

« Ami Roland, je vais rentrer en France. Quand je
« serai à Laon, ma bonne ville, des étrangers vien-
« dront de bien des pays me demander : Où est le
« vaillant capitaine ? Je leur dirai qu'il est mort en
« Espagne. Dans la douleur désormais je gouvernerai
« mon royaume. Il ne se passera plus un jour sans
« que je pleure et je me plaigne. »

XXXIV

« Ami Roland, brave et belle jeunesse, quand je
« serai à Aix, dans ma chapelle, les gens viendront
« demandant des nouvelles ; je les dirai cruelles à
« merveille : il est mort, mon neveu qui m'a fait tant
« de conquêtes ! Les Saxons vont se soulever contre
« moi, et les Hongrois et les Bulgares, et tant de peu-
« ples divers, les Romains, les gens de la Pouille et
« tous ceux de Palerme, et ceux d'Afrique, et ceux de
« Califerne. Ils accroîtront mes peines et mes souffran-

« ces. Qui guidera mes armées avec une telle autorité,
« quand celui-là est mort qui tous les jours nous con-
« duisait? Hélas ! ma douce France, comme tu restes
« désolée ! J'ai si grand deuil que je voudrais n'être
« plus. »

Il commence à s'arracher sa barbe blanche, et à deux mains les cheveux de sa tête. A cette vue, cent mille Français se pâment contre terre.

XXXV

« Ami Roland, Dieu te fasse merci ! Qu'en son Pa-
« radis il reçoive ton âme ! Qui t'a tué a plongé la
« France dans la désolation. J'ai si grand deuil que je
« ne voudrais survivre à ma race qui a péri pour moi.
« Que Dieu, Fils de sainte Marie, m'accorde, avant
« que j'arrive aux principaux défilés de Sizer, que
« mon âme ait quitté mon corps, et qu'elle soit reçue
« et placée au milieu des leurs, et que ma chair soit
« enterrée auprès d'eux ! »

Les larmes coulent de ses yeux ; il arrache sa barbe blanche. Et le duc Neimes dit : « Charles a une pro-
« fonde douleur. » DIEU NOUS AIDE !

XXXVI

« Sire Empereur, dit Geoffroy d'Anjou, n'agitez
« pas si fort votre douleur. Faites chercher par tout le
« champ les nôtres que ceux d'Espagne ont tués dans
« la bataille, et ordonnez qu'on les porte dans un
« charnier. » — « Sonnez votre cor, » lui répond
le Roi.

XXXVII

Geoffroy d'Anjou a sonné son clairon. Les Français
mettent pied à terre; Charles en a donné l'ordre. Tous
leurs amis qu'ils ont trouvés morts, ils s'empressent
de les porter en un charnier. Il y a là nombre d'Évêques et d'abbés, de moines, de chanoines, de prêtres
tonsurés, qui les ont absous et bénis au nom de Dieu.
On brûle de la myrrhe et des parfums, on encense
convenablement les morts et on les enterre en grande
pompe. Et après on les abandonne. Que pourrait-on
leur faire de plus? DIEU NOUS AIDE !

XXXVIII

L'Empereur fait mettre à part Roland et Olivier et
l'Archevêque Turpin. Il les fait ouvrir tous trois devant lui et recueillir leur cœur dans un drap de soie.

On place les corps dans un cercueil de marbre blanc.
Puis on prend les corps des Barons, et les seigneurs
les mettent dans des cuirs de cerf, après les avoir bien
lavés de piment et de vin. Le Roi commande Thibaut
et Gébuin, le comte Milon et le marquis Othon. Ils
placent avec soin sur trois charrettes les trois corps
bien couverts d'un beau drap de soie. Dieu nous
aide !

XXXIX

Charles veut partir, quand paraissent les avant-
gardes des païens. De ceux de devant lui arrivent deux
messagers qui, au nom de l'Émir, lui déclarent la bataille : « Roi plein d'orgueil, il n'est pas juste que tu
« nous échappes. Voici Baligant qui court après toi. Il
« amène d'Arabie de grandes armées. Nous verrons
« aujourd'hui si tu as du courage. » Dieu nous aide !

XL

Le Roi Charles s'arrache la barbe, au souvenir du
deuil et du désastre. Il regarde fièrement tous les
siens, puis s'écrie de sa voix forte et puissante :
« Barons français, à cheval et aux armes ! » Dieu
nous aide !

XLI

L'Empereur s'arme tout le premier : il a vivement revêtu sa cuirasse, lacé son heaume, mis à son flanc Joyeuse, dont le soleil n'affaiblit point l'éclat; il a pendu à son cou un écu de Biterne ; il tient son épieu, dont il brandit la hampe ; il monte sur son beau cheval Tencendor (il l'a conquis aux gués sous Marsone, après avoir renversé mort Maupalin de Narbonne). Il lâche la rêne, ne s'arrête guère d'éperonner son cheval, prend son élan devant deux cent mille hommes, — Dieu vous aide ! — et il invoque Dieu et le Pontife de Rome (1).

XLII

Les Français se répandent par tout le champ ; ils s'arment plus de cent mille à la fois ; ils ont un équipement tout à fait à leur gré, des chevaux rapides et des armes superbes. Ils sont en selle et savent bien s'y conduire. S'ils en trouvent l'occasion, ils comptent bien rendre la bataille. Leurs gonfanons pendent sur les heaumes.

Quand Charles voit leur belle contenance, il interpelle Jozeran de Provence, Anthelme de Mayence et le

---

(1) Littéralement: « L'Apôtre de Rome. »

duc Neimes : « Il faut avoir foi en de tels guerriers.
« Serait bien fou qui désespérerait au milieu d'eux.
« Les Arabes se repentiront d'être venus : je leur ferai
« payer cher la mort de Roland. » Le duc Neimes lui
répond : « Dieu nous en fasse la grâce ! » DIEU NOUS
AIDE !

XLIII

Charles interpelle Rabel et Guinemant. Le Roi leur
dit : « Seigneurs, je vous ordonne de prendre la place
« de Roland et d'Olivier : que l'un porte l'épée, et
« l'autre l'oliphant, et chevauchez en avant de l'ar-
« mée, conduisant avec vous quinze mille Français,
« tous jeunes et des plus vaillants. Après eux viendra
« un pareil nombre, conduit par monseigneur Richard
« de Normandie, le duc Neimes et le comte Jozeran. »
On organise ces légions. Si elles en trouvent l'occasion, il y aura une rude bataille. DIEU NOUS AIDE !

XLIV

Les premières légions sont de Français. Après ces
deux-là, on forme la troisième ; on y fait entrer les
braves de Bavière ; on estime qu'elle se compose de
vingt mille chevaliers. Ce ne sera jamais elle qui aban-
donnera la bataille. Il n'est race sous le ciel plus chère

à Charlemagne, hors les Français conquérants des royaumes. Le comte Ogier le Danois, le batailleur, les conduira, car la compagnie est intrépide. Dieu nous aide !

XLV

Ainsi l'Empereur Charles a trois légions. Le duc Neimes compose la quatrième de Barons d'un grand courage. Ce sont des Allemands qui sont d'Allemagne. Ils sont, dit-on, vingt mille, bien pourvus et de chevaux et d'armes. La peur de la mort ne leur fera point abandonner la bataille. C'est Hermann, le duc de Thrace, qui les conduit et qui mourra plutôt que de faire couardise. Dieu nous aide !

XLVI

Le duc Neimes et le comte Jozeran composent de Normands la cinquième légion. Ils sont vingt mille, disent les Français; ils ont de belles armes et de bons chevaux rapides. Ils mourront plutôt que de se rendre. Il n'est race au monde plus puissante sur le champ de bataille. Le vieux Richard les conduira au combat, et il donnera de bons coups de son épieu tranchant. Dieu nous aide !

XLVII

La sixième légion est composée de Bretons. Ils sont trente mille chevaliers qui chevauchent comme des Barons, avec leurs lances peintes et leurs banderolles bien attachées. Leur seigneur s'appelle Eudes; il ordonne au comte Nevelon, à Thibaut de Reims et au marquis Othon : « Conduisez mes hommes, je vous « en fais le don. » DIEU NOUS AIDE !

XLVIII

L'Empereur a six légions formées. Le duc Neimes compose la septième de Poitevins et des Barons d'Auvergne. Ils peuvent être onze mille chevaliers qui ont de bons chevaux et de très-belles armes. Ils sont à part, en un val, sur un tertre. Charles les bénit de la main droite. Jozeran et Godeselme les conduiront. DIEU NOUS AIDE !

XLIX

Neimes forme la huitième légion des Flamands et des Barons de la Frise. Ils sont plus de quarante mille chevaliers qui jamais n'abandonneront le champ de bataille. Le Roi dit : « Ils feront mon service. Raim-

« bault et Hamon de Galice en partage les conduiront
« comme des chevaliers. »

L

Le duc Neimes et le comte Jozeran forment entre eux la neuvième légion de preux, c'est-à-dire de Lorrains et de ceux de Bourgogne. On y compte cinquante mille chevaliers, heaumes lacés et cuirasses endossées, armés de forts épieux dont les hampes sont courtes. Que les Arabes viennent, ceux-ci tomberont dessus si les païens s'y exposent. Thierry, le duc d'Argone, les conduit. DIEU NOUS AIDE !

LI

La dixième légion est des Barons de France. Ils sont cent mille de nos meilleurs capitaines. Ils ont le corps bien pris et la contenance fière, le chef fleuri et la barbe blanche. Couverts de hauberts doublés de cuirasses, ils portent au côté des épées de France et d'Espagne ; leurs écus sont chargés de figures (1). Ils montent à cheval, demandant la bataille et criant : *Monjoie!* Charlemagne est avec eux. Geoffroy d'An-

---

(1) Littéralement : « connaissances. » Leur origine leur a valu plus tard le nom, qu'elles ont conservé jusqu'à nous, d'*armoiries*.

jou porte l'oriflamme. C'était jadis la bannière de saint Pierre, et elle avait nom *Romaine*. Mais elle le changea pour *Monjoie*. Dieu nous aide !

LII

L'Empereur descend de son cheval. Il se prosterne sur l'herbe verte, le visage tourné vers le soleil levant; il invoque Dieu du fond du cœur : « Notre « vrai Père, prends en ce jour ma défense, toi qui as « défendu Jonas contre la baleine qui l'avait en son « corps; toi qui épargnas le Roi de Ninive; toi qui « sauvas Daniel de cet effroyable supplice de la fosse « aux lions, et les trois enfants dans la fournaise ar- « dente. Que ton amour aujourd'hui soit avec moi. « Accorde-moi, s'il te plaît, la grâce que je puisse « venger mon neveu Roland. »

LIII

Quand il a prié, il se relève, signant son chef de la vertu puissante de la Croix. Le roi monte sur son cheval rapide; Neimes et Jozeran lui tiennent l'étrier. Il prend son écu et son épieu tranchant. Il a le corps bien fait, bien pris et bien séant, le visage clair et de bonne mine. Il chevauche avec grande ardeur. Les trompettes sonnent et derrière et devant; l'oliphant se fait entendre par-dessus tout le reste; et les Français pleurent de pitié pour Roland.

LIV

L'Empereur chevauche très-noblement. Il a sorti sa barbe sur sa cuirasse; par amour pour lui, les autres font de même. Cent mille Français sont reconnaissables à cela. Ils franchissent ces pics et ces roches si hautes, et ces vallées si profondes, et ces défilés si pénibles. Ils sont sortis de ces passages et de ces lieux arides; ils sont en marche vers l'Espagne, et ils ont pris leur campement dans une plaine.

Les éclaireurs de Baligant sont revenus vers lui. Un Syrien lui rend compte de son expédition : « Nous « avons vu cet orgueilleux Roi Charles. Ses hommes « sont courageux et n'ont envie de lui faire défaut. « Préparez-vous, car vous allez avoir tout à l'heure « bataille. » — « C'est le moment de déployer tout « son courage, dit Baligant. Sonnez vos trompettes, « que mes païens soient avertis. »

LV

On bat le tambour par toute l'armée; on fait sonner ces trompettes et ces hautbois éclatants. Les païens

descendent de cheval pour se revêtir de leur armure.
L'Émir ne veut point perdre de temps ; il revêt une
cuirasse aux pans ciselés, il lace son heaume incrusté
d'or, il s'attache au flanc gauche l'épée à laquelle son
orgueil a fourni un nom : il a entendu parler de celle
de Charlemagne, ce qui lui fit appeler la sienne *Précieuse*, et ce mot est son cri sur le champ de bataille ;
il le fait crier par ses chevaliers. Il pend à son
cou son grand et large écu ; la bosse est d'or et la
bande de pierreries, l'anse en est d'un bon satin
rouge. Il tient son épieu, qu'il appelle Mautet, dont la
hampe est grosse comme une massue et dont le fer tout
seul suffirait pour charger un mulet. Baligant monte
sur son destrier, tandis que l'étrier lui est tenu par Marcoule d'outre-mer. Ce brave a l'enfourchure énorme,
les flancs menus, les reins larges, la poitrine vaste ; il
est bien moulé, il a les épaules larges et le teint éclatant, il a le visage frais et la tête relevée, il est aussi
blanc que fleur en été. Il a donné mainte preuve de
sa vaillance. Dieu ! quel Baron, s'il s'était fait Chrétien ! Il pique son cheval, dont le sang jaillit tout clair.
Il prend son élan et franchit un fossé qui peut bien
mesurer cinquante pieds. Les païens s'écrient : « Il
« défendra bien nos marches ! Il n'est Français qui,
« s'il veut jouter avec lui, n'y laisse sa vie, bon gré,
« mal gré. Charles est fou de n'être point parti. »
Dieu nous aide !

LVI

L'Émir ressemble bien à un Baron ; sa barbe blanche semble une fleur. Il a une science profonde de sa loi païenne, et sur le champ de bataille il est fier et superbe. Son fils Mauprimes est un vrai brave ; il est grand et fort, et ressemble à ses ancêtres. Il dit à son père : « Sire, chevauchons ; mais je serai bien étonné, « si nous voyons Charles. » — « Si, répond Baligant, « car il est bien preux. Plusieurs *Gestes* lui donnent « de grandes louanges. Mais comme il n'a plus son « neveu Roland, il ne pourra tenir contre nous. » Dieu nous aide !

LVII

« Beau fils Mauprimes, lui dit encore l'Émir, « hier (1) furent occis le bon guerrier Roland, le « preux et vaillant Olivier, et les douze pairs que « Charles aimait tant, et vingt mille combattants de « ceux de France. Tous les autres, j'en fais cas « comme d'un gant. »

(1) Hier, c'est-à-dire il y a peu de jours, tout récemment. Nous avons retenu cette façon de parler.

LVIII

« Il est certain que l'Empereur revient : mon mes-
« sager Syrien m'en a donné la nouvelle. Il a fait de
« son monde dix grandes légions. C'est un vrai preux
« celui qui sonne l'oliphant. Son compagnon lui ré-
« pond d'une trompette éclatante. Ils chevauchent en
« tête de quinze mille Français, de jeunes guerriers
« que Charles appelle ses enfants. Après eux il y en a
« bien autant. Ceux-ci frapperont avec grande vi-
« gueur. » — « Chargez-moi d'eux (1), » dit Mauprimes.

LIX

« Fils Mauprimes, dit Baligant, je vous octroie
« votre requête : vous irez bientôt combattre contre
« les Français. Vous emmènerez avec vous Torleu, le
« Roi de Perse, et Dapamort, le Roi de Lithuanie.
« Si vous pouvez mater cette grande arrogance, je
« vous donnerai un pan (2) de mes États, de Chériant
« jusqu'au Val-Marquis. » — « Sire, je vous remer-
« cie, » répond Mauprimes. Il passe en avant et re-

---

(1) Littéralement : « Je vous en demande le coup. »
(2) *Un pan.* C'était une sorte de mesure équivalente au pied.

cueille le don : c'est le royaume qui fut au Roi Fleuri. Mais, depuis cette heure, Mauprimes ne le revit jamais plus, il n'en eut ni l'investiture ni la saisine.

LX

L'Émir chevauche à travers son armée. Son fils le suit, qui a si grande taille, et le Roi Torleu et le Roi Dapamort. Ils établissent bien vite trente légions, car ils ont un nombre prodigieux de chevaliers. La moindre compte quinze mille hommes. La première est formée de ceux de Butentrot ; et l'autre après, de ceux de Micène, aux têtes énormes placées sur l'échine au milieu du dos ; ils sont couverts de soie comme les pourceaux. Dieu nous aide !

LXI

La troisième légion est de Nubles et de Blos, la quatrième de Bruns et d'Esclavons, la cinquième de Sorbres et de Sors, la sixième d'Arméniens et de Mores, la septième est de ceux de Jéricho, la huitième de Nègres, la neuvième de Gros, et la dixième de Balide la Forte : c'est une race qui jamais n'aima le bien. Dieu nous aide !

LXII

L'Émir adjure tant qu'il peut Mahomet de lui prêter sa puissance et son secours : « Charles de France « chevauche comme un insensé. Il y aura bataille, « s'il ne s'ôte de ma portée ; et jamais plus il n'aura « de couronne d'or au front. »

LXIII

On établit ensuite dix légions : la première est de Canéliens, race ignorante (ils sont venus en traversant Val-Fleuri) ; l'autre est de Turcs, la troisième de Perses, la quatrième de Perses et de Pinceneis, la cinquième de Solteras et d'Avares, la sixième d'Ormaleus et d'Eugiez, la septième est de ceux de Samuel, la huitième de Bruise, la neuvième d'Esclavons, et la dixième d'Ociant la Déserte. C'est une race qui ne sert point le Seigneur Dieu, et jamais vous n'entendrez parler de plus félons. Ils ont le cuir dur comme fer, aussi n'ont-ils besoin de hauberts ni de heaumes. Ils sont traîtres et acharnés dans la bataille. DIEU NOUS AIDE !

LXIV

L'Émir forme dix légions : la première est des Géants de Maupréis, l'autre est de Huns, la troisième de Hongrois, la quatrième vient de Baudise la Longue, la cinquième est de ceux du Val-Peneuse, la sixième est de ceux de Maruse, la septième vient d'Yeuse d'Astrimonies, la huitième est d'Argouille, la neuvième de Clarbone, et la dixième est des barbus de Fronde. C'est une race qui jamais n'aima Dieu.

La *Gesta Francorum* compte trente légions.

Les clairons sonnent dans ces grands bataillons, et les païens chevauchent à la manière des preux. DIEU NOUS AIDE !

LXV

L'Émir est un homme très-puissant. Il fait porter devant lui son dragon et l'étendard de Tervagant et de Mahomet, et l'image du perfide Apolin. Ces idoles sont entourées de Canéliens à cheval, qui crient de toutes leurs forces ce sermon : « Qui veut avoir la « protection de nos dieux doit les prier et les servir « dans de grands prosternements (1). » Les païens

---

(1) *Par grant affliction.* Ce dernier mot n'a pas, dans la *Chanson de Roland*, le même sens qu'aujourd'hui. Ayant la même éty-

baissent la tête et le menton, ils inclinent bien bas leurs heaumes éclatants. Les Français disent : « Vous « allez mourir, gloutons ! Vous allez être aujourd'hui « confondus ! Mais vous, notre Dieu, protégez Char- « lemagne, accordez cette bataille à sa gloire ! » DIEU NOUS AIDE !

LXVI

L'Émir est un homme de grande sagesse. Il appelle à lui son fils et les deux Rois : « Seigneurs « Barons, chevauchez en avant, et conduisez mes « trente légions. Mais je veux en garder trois des « meilleures, une de Turcs, une autre d'Ormaleus, et « la troisième des Géants de Maupréis. Ceux d'Ociant « viendront avec moi pour attaquer Charles et les « Français. Si l'Empereur se bat avec moi, il en doit « avoir la tête séparée du buste. Et il peut être assuré « qu'il n'y gagnera pas autre chose. » DIEU NOUS AIDE !

LXVII

Les armées sont grandes et les légions sont belles. Il n'y a entre elles ni pic, ni val, ni mont, ni forêt,

mologie que *génuflexion*, il ne se disait pas alors comme il se dit aujourd'hui, au figuré, de l'âme qui fléchit sous le poids de la douleur, mais du corps qui fléchit, et surtout du corps qui fléchit volontairement.

ni bois ; on n'y trouverait pas où se cacher ; les deux armées se voient sans obstacle dans la plaine découverte. Baligant dit : « Chevauchez donc, mes gens « endiablés, pour chercher la bataille ! » Amboires d'Oluferne porte l'enseigne : les païens poussent leur cri et appellent *Précieuse !* Les Français répondent : « Que votre perte aujourd'hui soit grande ! » Et ils répètent bien haut leur cri de *Monjoie !* L'Empereur fait sonner ses trompettes et l'oliphant qui résonne par-dessus tout le reste. Les païens disent : « Belle « est l'armée de Charles ! Nous aurons une bataille « et fatigante et cruelle. » — Dieu nous aide !

LXVIII

Grande est la plaine et large la contrée. Les heaumes luisent incrustés d'or et de pierreries, et les écus, et les cuirasses ciselées, et les épieux, et les enseignes flottantes. Les trompettes sonnent à grands éclats, et les fanfares de l'oliphant retentissent dans les airs. L'Émir interpelle son frère Canabeus, Roi de Florédée, dont les possessions s'étendent jusqu'au Val-Sever. Il lui montre les dix légions de Charles : « Voyez l'orgueil de cette France tant célébrée ! « Comme l'Empereur chevauche superbement ! Il est « à l'arrière, avec ces gens barbus. Ils ont fait tom- « ber sur leur cuirasse leur barbe aussi blanche que

« la neige glacée. Ils frapperont de leurs lances et de
« leurs épées. Nous aurons une bataille et rude et
« terrible. Jamais on ne vit telle réunion d'hommes. »

Baligant a dépassé ses compagnons d'un peu plus
loin qu'on ne lance une baguette (1), il leur a dit et
fait voir où ils doivent avancer : « Venez, païens : je
« suis sur la route. » Il brandit la hampe de son épieu
et montre le fer à Charles. DIEU NOUS AIDE !

LXIX

Charlemagne voit l'Émir et le dragon (l'enseigne
du païen) et l'étendard : les Arabes ont déployé de si
grandes forces qu'elles couvrent toute la plaine, excepté la place qu'occupe l'Empereur. Le Roi de France
crie bien haut : « Barons Français, vous êtes bons
« guerriers ! Vous avez combattu sur tant de champs
« de bataille ! Voyez ces païens : ils sont félons et
« couards : à quoi leur servent toutes leurs lois (2) ?
« S'ils sont une grande multitude, qui donc, seigneurs,
« y prend garde ? Qui veut bien travailler vienne avec
« moi. » Il pique son cheval des éperons, et Tencendor a fait quatre sauts. Les Français disent : « Notre

---

(1) *Une verge pelée.*
(2) Littéralement : « Toutes leurs lois ne leur valent pas un denier. »

« Roi est plein de vaillance ! Chevauchez, Sire : pas
« un de nous ne vous fera défaut. »

LXX

Le jour est clair et le soleil brillant. Les armées
sont belles et les compagnies nombreuses. Les légions
qui tiennent la tête vont se joindre. Le comte Rabel
et le comte Guinemant lâchent les rênes à leurs chevaux rapides, ils les éperonnent, les Français s'élancent et vont frapper de leurs épieux tranchants. DIEU
NOUS AIDE !

LXXI

Le comte Rabel est un hardi chevalier. Il pique
son cheval de ses éperons d'or fin, il va frapper Torleu, le Roi de Perse. Il n'est écu ni cuirasse qui
puisse soutenir le choc. L'épieu doré s'enfonce au
cœur de Torleu et le renverse mort dans les broussailles. Les Français crient : « Le Seigneur Dieu nous
« vient en aide ! A Charles est le bon droit : ne lui
« faillissons pas. » DIEU NOUS AIDE !

LXXII

Guinemant se bat contre un Roi de Lérie, il lui
rompt son bouclier chargé de fleurs peintes, il lui brise

sa cuirasse, il lui enfonce au corps toute la flamme de sa lance et l'abat mort, qu'on en pleure ou qu'on s'en réjouisse. A ce coup, les Français crient : « Frappez, Barons, n'attendez pas ! A Charles est le bon droit contre cette race impie. C'est vraiment la justice de Dieu qui se manifeste sur nous ! » DIEU NOUS AIDE !

LXXIII

Mauprimes, monté sur un cheval tout blanc, se porte au plus épais de l'armée française ; il y donne aux autres païens l'exemple des grands coups, renversant souvent un mort sur l'autre. Au front de l'armée, Baligant s'écrie : « Mes Barons, que j'ai longtemps « nourris, voyez mon fils : comme il va cherchant « Charlemagne et battant de ses armes tant de braves « guerriers ! Je ne demande pas un combattant plus « intrépide. Soutenez-le de vos épieux tranchants. » A ces mots, les païens s'élancent et frappent de rudes coups. L'action est chaudement engagée, la mêlée sanglante et horrible. On n'en vit de pareille ni avant ce temps ni depuis. DIEU NOUS AIDE !

LXXIV

Les armées sont grandes, et les compagnies intrépides. Toutes les légions sont aux prises, et les païens

L'EXPIATION 177

frappent merveilleusement. Dieu ! que de lances brisées (1), d'écus faussés, de cottes démaillées ! Vous verriez le sol si jonché de cadavres, que l'herbe qui était verte et tendre est maintenant toute rouge de sang. L'Émir s'adresse à sa suite (2) : « Frappez, « Barons, sur la race chrétienne ! » La bataille est cruelle et acharnée. Jamais avant ni depuis il n'en fut d'ainsi disputée. Il n'y aura de fin qu'à la mort. Dieu nous aide !

LXXV

L'Émir s'adresse à ses païens : « Frappez, païens ! « C'est pour frapper que vous êtes venus. Je vous don- « nerai des femmes gracieuses et belles. Je vous don- « nerai des fiefs, des domaines et des terres. » — « Nous nous comporterons bien : c'est notre devoir, » répondent les païens. Ils frappent de pleins coups de leurs épieux. Ils ont tiré plus de cent mille épées. Voici le carnage cruel et barbare. Qui s'y trouve, peut se vanter de voir une bataille. Dieu nous aide !

LXXVI

L'Empereur s'adresse à ses Français : « Seigneurs « Barons, je vous aime et j'ai foi en vous. Vous vous

---

(1) Littéralement : « Brisées par le milieu. »
(2) *Sa maisnée.*

« êtes pour moi jetés dans tant de batailles, vous avez
« conquis tant de royaumes et détrôné tant de Rois!
« Je sais bien quelle récompense je vous dois : à vous
« mes biens, mes domaines et ma personne. Vengez
« vos fils, vos frères et vos héritiers tués à Roncevaux
« l'autre soir. Vous savez si le bon droit est pour moi
« contre ces païens. » Les Français répondent: « Sire,
« vous dites vrai. » Ils sont vingt mille qui se pressent autour de lui et qui, d'une commune voix, lui font serment de ne lui faillir pour mort ni pour détresse. Et sur-le-champ ils jouent de la lance, ils frappent de l'épée. La bataille est pleine d'horreur. DIEU NOUS AIDE !

LXXVII

Mauprimes chevauche par le camp, faisant un grand carnage des Français. Le duc Neimes le regarde fièrement et va le frapper en homme de courage. Il lui brise le haut de son écu, lui dégarnit les pans de son haubert, lui plonge au corps toute sa banderolle et l'abat mort au milieu de sept cents des autres.

LXXVII

Le Roi Canabeus, le frère de l'Émir, pique vivement son cheval des éperons, tire son épée à la poignée de pierreries, frappe le duc Neimes sur le sommet du heaume, lui en fracasse un côté, et de l'acier de son épée lui coupe cinq attaches. Le capuchon (1) du duc Neimes ne lui vaut pas un denier. L'épée lui fend la coiffe jusqu'à la chair et en fait tomber un morceau. Rude est le coup : le duc en est étourdi ; il tombait roide si Dieu ne l'avait soutenu. Il embrasse le cou de son cheval. C'en serait fait du noble guerrier si le païen pouvait frapper encore une fois. Mais voici Charles de France qui va le secourir. Dieu nous aide !

LXXIX

Le duc Neimes est dans une profonde détresse ; le païen va bien vite lui porter un nouveau coup : « Infâme ! s'écrie Charles, tu l'as attaqué pour ton malheur ! » Et il le vient frapper avec un grand courage, lui brise l'écu, lui fracasse contre le cœur son haubert, dont il rompt la ventaille. Il l'abat mort, et la selle du païen reste vide.

---

(1) Le capuchon du haubert, la toile de mailles de fer qui en était comme la doublure. Faible défense, en effet, quand le haubert était fracassé.

LXXX

Grande est la douleur du Roi Charlemagne quand il voit devant lui le duc Neimes blessé, dont le sang tombe tout clair sur l'herbe verte. L'Empereur lui donne un conseil : « Beau sire Neimes, chevauchez « avec moi. Il est mort, ce glouton qui vous tenait en « détresse : je lui ai mis au corps mon épieu du pre- « mier coup. » Le duc répond : « Sire, je m'en rap- « porte à vous. Et si je vis quelque temps, je veux que « vous y trouviez grand profit. » Et ils se sont réunis par amour et par foi. Ils ont avec eux vingt mille Français, dont il n'est pas un qui ne sache bien assaillir et frapper. DIEU NOUS AIDE !

LXXXI

L'Émir chevauche par le camp ; il va frapper le comte Guinemant, lui fracasse son écu blanc contre le cœur, lui rompt les pans de son haubert, lui détache les deux côtés des flancs, et mort le renverse de son cheval rapide. Puis il massacre Gebuin et Lorain, le vieux Richard, le sire des Normands. Les païens s'écrient : « *Précieuse* est vaillante ! Frappez, Barons ! « nous avons bonne défense ! » DIEU NOUS AIDE !

LXXXII

Qui pourrait voir les chevaliers d'Arabie, ceux d'Ociant et d'Argouille et de Bascle, les verrait bien assaillir et frapper de leurs épieux. Et les Français n'ont pas de goût pour reculer. Nombreux sont les morts de part et d'autre. La bataille est ardente jusqu'au soir. Elle est immense, la perte des Barons français, et il y aura grand deuil avant le départ. Dieu nous aide!

LXXXIII

Ils frappent bien, les Français et les Arabes! Ils brisent les lances et les épieux fourbis. Qui verrait les écus maltraités, qui entendrait les frémissements des blancs hauberts, le grincement des écus sur les heaumes, qui verrait tomber les chevaliers, qui les entendrait gémir expirant contre terre, garderait le souvenir d'une grande douleur. Quelle rude épreuve que cette bataille! L'Émir invoque Apolin et Tervagant, et aussi Mahomet: « Mes seigneurs dieux, je vous ai « bien servis; je ferai d'or fin toutes vos images! » Dieu nous aide!

Il voit devant lui un de ses favoris, Gemalfin, qui lui apporte de mauvaises nouvelles: « Sire Baligant,

« vous êtes aujourd'hui mal chanceux. Vous avez perdu
« votre fils Mauprimes, et votre frère Canabeus est
« tué. C'est à deux Français que ce succès est échu,
« et l'un d'eux est l'Empereur, je suppose : il a une
« grande taille, avec la mine d'un marquis, et la barbe
« blanche comme fleur en avril. » L'Émir, à ces mots,
a la tête penchée, et bientôt son visage s'obscurcit. Il
a une telle douleur qu'il en croit mourir. Il interpelle
Jangleu d'outre-mer.

LXXXIV

L'Émir lui dit : « Jangleu, avancez ici. Vous êtes
« brave et plein de sagesse. J'ai toujours pris votre
« conseil. Que vous semble des Arabes et des Fran-
« çais? Aurons-nous la victoire du champ? » — « Vous
« êtes perdu, Baligant! répond Jangleu. Vos dieux ne
« pourront pas vous défendre. Charles est hardi et ses
« hommes vaillants. On ne vit jamais race si bien
« faite pour la guerre. Mais faites appel aux Barons
« d'Ociant, aux Turcs et aux Enfrons, aux Arabes et
« aux Géants. Ne cherchez pas à retarder l'événe-
« ment. »

LXXXV

L'Émir a tiré dehors sa barbe aussi blanche que
l'aubépine. Quoi qu'il lui arrive, il ne se veut celer. Il

porte à sa bouche une trompette éclatante et la sonne si clair que tous ses païens l'entendent. Par tout le camp ses bataillons se rallient : ceux d'Ociant braient et hennissent, ceux d'Argouille aboient comme des chiens. Ils cherchent (1) les Français avec une témérité folle, et, se précipitant au plus épais, ils les rompent, les séparent, et, de ce coup, en jettent morts sept mille.

LXXXVI

Le comte Ogier ne fut jamais couard ; plus brave guerrier que lui n'endossa jamais une cuirasse. Quand il voit rompre les légions des Français, il appelle Thierry, le duc d'Argone, Geoffroy d'Anjou et le comte Jozeran, et il dit à Charlemagne avec une fierté superbe : « Voyez comme ces païens tuent vos hommes ! « A Dieu ne plaise que vous gardiez votre couronne « sur votre tête, si vos coups ne vengent tout à l'heure « cet affront ! » Il n'en est pas un qui réponde un seul mot. Ils éperonnent leurs chevaux, leur lâchent les rênes et vont frapper les païens partout où ils les rencontrent.

---

(1) Le mot a encore aujourd'hui cette acception dans la langue des enfants et dans la langue de ceux qui leur parlent. On dit à celui qui a provoqué l'autre : C'est toi qui es allé le chercher.

LXXXVII

Il frappe bien, le Roi Charlemagne! — Dieu nous aide! — Ils frappent bien, le duc Neimes et Ogier le Danois, et Geoffroy d'Anjou qui porte l'enseigne. C'est un grand preux que le seigneur Ogier le Danois. Il éperonne son cheval, lui lâche les rênes, et va frapper si rudement celui qui tient le dragon, qu'il écrase à ses pieds et le dragon et l'enseigne du Roi. Baligant regarde son gonfanon par terre et l'étendard de Mahomet abandonné. L'Émir entrevoit qu'il a tort et que le bon droit est à Charlemagne. Plus de cent païens d'Arabie prennent la fuite. L'Empereur réclame ses parents : « Pour Dieu! Barons, dites-moi, m'aiderez-« vous? » Les Français répondent : « Pouvez-vous le « demander? Félon qui ne frappe à outrance! » Dieu nous aide!

LXXXVIII

Le jour s'en va, le soir arrive. Francs et païens frappent de l'épée sans mettre en oubli leurs devises. L'Émir a crié *Précieuse!* Charles a crié *Monjoie!* la devise célèbre. L'un reconnut l'autre à sa voix haute et claire. Ils se rencontrent au milieu du champ de bataille; ils s'attaquent, ils échangent de grands coups d'épieu sur leurs boucliers rouges; ils les brisent au-dessous de leurs larges boucles; ils détachent les pans des hauberts, mais les corps ne sont pas touchés. Les sangles rompent, les selles tournent, les Rois tombent, ils sont renversés par terre; mais aussitôt redressés sur leurs pieds, ils ont, d'une ardeur plus grande, tiré leurs épées. Rien ne peut plus arrêter ce combat, et il ne peut finir que par la mort d'un homme. DIEU NOUS AIDE!

LXXXIX

C'est un grand preux que Charles, l'Empereur de la douce France! Mais l'Émir ne le craint ni le redoute. Ils sortent leurs épées toutes nues du fourreau; ils échangent de grands coups sur leurs écus; ils tranchent les cuirs et les bois qui sont doubles, les clous se détachent, la bosse de l'écu tombe en pièces. Les voilà découverts: ils frappent sur leurs cuirasses; l'étincelle jaillit des heaumes clairs. Ce combat ne peut point finir tant qu'un des deux n'avouera pas son tort. DIEU NOUS AIDE!

XC

L'Émir dit : « Charles, réfléchis bien, et prends le « conseil de te repentir envers moi. C'est toi, m'a-t-on

« rapporté, qui as tué mon fils. Tu me disputes bien
« injustement mes États. Deviens mon homme ; je t'ac-
« cepte pour vassal. Suis-moi jusqu'en Orient pour me
« servir. » — « Ce serait une grande bassesse ! ré-
« pond Charles. Je ne dois ni paix ni amour à un païen.
« Reçois la loi que Dieu nous a donnée, la loi chré-
« tienne, et je t'aimerai toujours. Puis sers le Roi
« tout-puissant, et crois en lui. » Baligant dit : « Tu
« me commences là un mauvais sermon. » Ils vont
donc encore frapper de l'épée qu'ils avaient remise au
côté. DIEU NOUS AIDE !

XCI

L'Émir a une bien grande vigueur. Il frappe Charlemagne sur son heaume d'acier bruni ; il le lui brise
et lui fend sur la tête ; il pousse son épée à travers les
cheveux fins de l'Empereur, et prend de la chair une
grande longueur de main et davantage. L'os, à cet
endroit, reste découvert. Charles chancelle ; peu s'en
faut qu'il ne tombe : mais Dieu ne veut qu'il soit mort
ni vaincu. Saint Gabriel est descendu auprès de lui,
et lui demande : « Grand Roi, que fais-tu ? »

XCII

Quand Charles entend la sainte voix de l'Ange, il ne craint plus de mourir; il ne doute plus de vivre. Il recouvre sa vigueur et ses esprits, il frappe l'Émir avec l'épée de France, il lui rompt son heaume où les joyaux flamboient, il lui fend le crâne d'où s'épand la cervelle, il lui coupe le visage jusqu'en la barbe blanche, et l'abat mort sans nul retour. Il crie *Monjoie*! pour la reconnaissance. A ce cri arrive le duc Neimes, qui prend la bride de Tencendor, et le grand Roi remonte à cheval. Les païens s'enfuient; Dieu ne veut pas qu'ils restent. Et les Français ont tout ce qu'ils désirent.

XCIII

Les païens s'enfuient: ainsi le veut le Seigneur Dieu. Charlemagne et ses Français les poursuivent. « Barons, vengez vos deuils, dit le Roi. Laissez éclater « votre douleur et votre vengeance, car ce matin j'ai « vu pleurer vos yeux. » — « Sire, cela nous va! » répondent les Français. Et chacun frappe d'aussi grands coups qu'il peut. Des païens qui sont là, il n'en est guère qui échappent.

XCIV

La chaleur est grande, et la poussière s'élève. Les païens s'enfuient, serrés de près par nos Français. Cette poursuite va jusqu'à Saragosse.

Bramidonie est montée tout en haut de sa tour, avec les clercs et les chanoines de sa loi fausse que jamais Dieu n'aima. Ce sont prêtres sans ordres ni tonsure. Quand elle voit les Arabes confondus, la Reine s'écrie : « Au secours, Mahomet ! Hélas ! mon noble « Roi, nos hommes sont vaincus, et l'Émir honteuse-« ment tué ! » Marsille, qui l'entend, se tourne vers le mur, verse des larmes ; l'ombre s'est étendue sur sa face. Il est mort de douleur. Sous le poids de ses péchés, son âme tombe aux démons avides.

XCV

Les païens sont morts et leur armée confondue, et Charles a gagné sa bataille. Il abat la porte de Saragosse ; il sait bien que maintenant elle n'est plus défendue ; il prend la ville, y fait entrer les siens, qui cette nuit y demeurent par droit de conquête. Fier est l'Empereur à la barbe blanche. Bramidonie lui a remis les tours, dix grandes et cinquante petites. Il va bien, celui qui a l'aide du Seigneur Dieu !

XCVI

Le jour a fui, la nuit est calme, la lune brille et les étoiles flamboient. L'Empereur a pris Saragosse. Mille Français fouillent avec soin la ville, les synagogues et les mahomeries. Ils ont des maillets de fer et des coignées, ils brisent les images et toutes les idoles. Ils n'épargnent rien de la sorcellerie ni de la magie. Le Roi croit en Dieu et veut le servir. Ses Évêques bénissent les eaux et amènent les païens au Baptême. S'il en est un qui veuille contredire aux ordres de Charles, il le fait pendre ou brûler ou occire. Plus de cent mille sont baptisés et deviennent de vrais Chrétiens. Mais la Reine n'en est pas : elle est emmenée captive dans la douce France, le Roi veut qu'elle se convertisse par amour.

XCVII

La nuit a passé, voici la lumière éclatante du jour. Charles garnit les tours de Saragosse de mille chevaliers bien vaillants qui garderont la ville à l'autorité de l'Empereur. Le Roi est monté à cheval avec tous ses hommes et Bramidonie qu'il emmène prisonnière, mais sans autre pensée que de lui faire du bien. On retourne en France plein de joie et de gaieté. On va en grande hâte, on passe Narbonne, on arrive à Bordeaux, la grande ville. On y dépose sur l'autel du Baron saint Séverin l'oliphant plein d'or et de mangons (1) : les pèlerins qui vont là le voient encore. Charlemagne traverse la Gironde sur de grandes nefs qui s'y trouvent, il conduit jusqu'à Blaye son neveu et Olivier, son noble compagnon, et l'Archevêque qui fut saint et vaillant. Il fait mettre en des cercueils blancs les trois preux. Ces Barons reposent à Saint-Romain. Les Français les recommandent à Dieu et à son saint nom.

Charles chevauche et par vaux et par monts; il ne veut s'arrêter qu'à Aix. A force de chevaucher, il descend au perron. Aussitôt qu'il est arrivé en son palais superbe, il mande par messagers les Barons de sa cour de justice, Bavarois et Saxons, Lorrains et Frisons, il mande ceux d'Allemagne, il mande ceux de Bourgogne, et les Poitevins, et les Normands, et les Bretons, tous les hommes les plus sages de France. Alors commence le procès de Ganelon.

XCVIII

L'Empereur, à son retour d'Espagne, vient à Aix, le premier siége de France. Il monte au palais, il

---

(1) Monnaie d'or.

entre dans la salle. Aude, une belle demoiselle, vient à lui. Elle dit au Roi : « Où est Roland le capitaine, « qui me jura de me prendre pour compagne (1) ? » Charles sent à ces mots une douleur pesante. Il pleure, il tire sa barbe blanche : « Ma sœur, mon amie bien « chère, tu t'informes d'un homme mort. Je te veux, « par un échange qui est un grand avantage, donner « Louis, je ne saurais mieux dire : il est mon fils et « l'héritier de mes États. » Aude répond : « Ce dis- « cours me paraît étrange. A Dieu ne plaise ni à ses « Saints ni à ses Anges que je reste ici-bas après « Roland ! » Elle pâlit, tombe aux pieds de Charlemagne, et la voilà morte pour toujours. Dieu ait pitié de son âme ! Les Barons français la plaignent et la pleurent.

XCIX

La belle Aude est allée à sa fin. Le Roi croit qu'elle est évanouie. Il en a pitié, il pleure, il la prend dans ses mains, la soulève... Mais la tête tombe sur l'épaule. Quand Charles voit qu'elle est morte, il mande aussitôt quatre comtesses pour la porter dans un monastère de Religieuses. Elles veillent auprès de la morte toute la nuit jusqu'au point du jour, et l'enterrent

---

(1) *Sa per*.

doucement le long d'un autel. Le Roi lui rend de grands honneurs. Dieu nous aide !

C

L'Empereur est revenu à Aix. Ganelon le félon, chargé de chaînes de fer, est dans la ville, devant le palais. Les serfs l'ont attaché à un poteau, les mains liées de courroies de cerf. Ils le battent ferme à coups de bâton et de joug. C'est le traitement qu'il a mérité. Il attend là son procès, dans une douleur profonde.

Il est écrit dans l'ancienne *Geste* que Charles manda des juges de plusieurs de ses États et qu'ils s'assemblèrent à Aix-la-Chapelle. C'était un jour solennel, un jour de grande fête, quelques-uns disent la fête du Baron saint Sylvestre. Alors commencent le procès et les nouvelles du traître Ganelon. L'Empereur l'a fait traîner devant lui. Dieu nous aide !

CI

« Seigneurs Barons, dit le Roi Charlemagne, vous
« allez faire justice à Ganelon. Il fut à l'armée avec
« moi en Espagne. Il me ravit vingt mille de mes
« Français, et mon neveu que jamais plus je ne ver-
« rai, et Olivier, le preux et le courtois, et les pairs,

« qu'il trahit tous pour de l'argent. » — « Je serais
« félon si j'en faisais mystère! répond Ganelon. Ro-
« land m'a fait tort dans mon argent et dans mes
« biens. C'est pourquoi j'ai cherché sa mort et sa dé-
« tresse. Mais je n'accorde pas qu'il y ait là aucune
« trahison. » Les Français disent : « Nous allons
« tenir conseil. »

CII

Ganelon est devant le Roi. Il a le corps bien pris
et le visage frais ; s'il était loyal, il aurait la mine d'un
Baron. Il voit autour de lui les Français et tous ses
juges et trente de ses parents qui l'accompagnent.
Il s'écrie avec force et d'une voix retentissante :
« Pour l'amour de Dieu, entendez-moi, Barons! Je
« fus à l'armée avec l'Empereur, le servant par foi et
« par amour. Mais son neveu Roland me prit en haine,
« me condamnant à souffrir et à mourir. Je fus en-
« voyé au Roi Marsille, et je me sauvai par ma pru-
« dence. Je défiai Roland le guerrier et Olivier et tous
« leurs compagnons. Charles et ses nobles Barons
« l'ont entendu. Je me suis vengé, mais je n'ai point
« trahi. » Les Français répondent : « Nous tiendrons
« conseil. »

CIII

Quand Ganelon voit que son procès commence, il rassemble trente de ses parents. Il y en a un que les autres écoutent : c'est Pinabel, du castel de Sorence. Habile à parler et à persuader, c'est encore un bon guerrier qui ne laisse pas humilier ses armes. DIEU NOUS AIDE!

CIV

Ganelon lui dit : « Je me confie en vous, mon ami : « tirez-moi aujourd'hui de mort et de calomnie. » Pinabel lui répond : « Vous serez bientôt sauvé : il « n'est Français qui vous condamne à la potence, ou « l'Empereur nous assemble en duel, et je casse le « jugement d'un coup de mon épée. »
Ganelon se présente aux pieds de Charlemagne.

CV

Bavarois et Saxons sont entrés en conseil, et Poitevins, et Normands, et Français, et nombre d'Allemands et de Thiois. Ceux d'Auvergne sont les mieux disposés, ils écoutent Pinabel avec plus de calme. Ils se disent l'un à l'autre : « Nous avons bien fait de

« nous abstenir. Laissons ce procès, et prions le Roi
« de déclarer Ganelon absous pour cette fois, et Gane-
« lon le servira par foi et par amour. Roland est mort,
« et jamais on ne le reverra, or ni biens ne pourront
« nous le rendre. Il serait bien fou, qui se battrait
« avec Pinabel ! » Il n'en est pas un qui n'en con-
vienne et n'accorde tout cela, hors Thierry seul, le
frère du sire Geoffroy. Dieu nous aide !

CVI

Les Barons retournent vers Charlemagne : « Sire,
« disent-ils au Roi, nous vous prions de déclarer
« absous le comte Ganelon, pour qu'il vous serve par
« foi et par amour. Laissez-le vivre, car il est bien
« gentil homme. Sa mort ne nous fera pas revoir Ro-
« land, que pour aucun trésor jamais on ne ressusci-
« tera. » Le Roi dit : « Vous êtes traîtres envers
« moi ! » Dieu nous aide !

CVII

Quand Charles voit que tous lui font défaut, sa
mine et son visage s'assombrissent, il se plaint d'être
accablé de douleur. Voici devant lui un noble chevalier, le frère de Geoffroy, duc d'Anjou. Il a le corps
maigre, la taille grêle, les os en saillie, les cheveux

noirs, les yeux quelque peu bruns; il n'est guère ni trop grand ni trop petit. Il dit courtoisement à l'Empereur : « Beau Sire Roi, ne vous affligez pas de la
« sorte. Vous savez que déjà je vous ai bien servi.
« Je dois à mes ancêtres de soutenir cette cause.
« Quelque tort que Roland ait pu faire à Ganelon,
« votre service le devait protéger contre toute ven-
« geance. Ganelon est un félon de l'avoir trahi, il est
« envers vous parjure et traître, pour quoi je le con-
« damne à être pendu jusqu'à la mort, et son corps
« traité comme celui d'un félon, atteint de félonie (1).
« S'il a quelque parent qui me veuille démentir, cette
« épée qui est à mon flanc va bientôt soutenir ma pa-
« role. » — « Vous avez bien parlé ! » s'écrient les Français.

CVIII

Pinabel paraît devant le Roi. Il est grand et fort, et vaillant et alerte. Celui qu'il a frappé n'a plus de temps à vivre. Pinabel dit au Roi : « Sire, cette cause
« est la vôtre : défendez donc qu'on fasse une telle
« dispute. Vous voyez Thierry qui a proféré cette pa-
« role : je le démens et vais me battre avec lui. »
Et il lui met au poing le gant de serf de sa main

---

(1) C'est-à-dire brûlé.

droite. L'Empereur dit : « Je veux de bonnes cau-
« tions. »

Trente de ses parents répondent pour lui. Le Roi
leur dit : « J'accepte votre caution. » Et il les fait
garder tant qu'il est droit (1). Dieu nous aide !

CIX

Quand Thierry voit venir l'instant du combat, il
présente à Charles le gant de sa main droite. L'Empereur lui donne des cautions, puis fait porter sur la
place quatre bancs. Là vont s'asseoir ceux qui doivent
combattre. Ils ont bien provoqué, bien répondu, au
jugement des autres. Ainsi l'a déclaré Oger de Danemark.

Les combattants demandent leurs chevaux et leurs
armes.

CX

Après qu'ils sont engagés pour le duel, — Dieu
nous aide ! — bien confessés et absous et bénis, qu'ils
ont entendu la messe et ont communié, fait de riches
offrandes aux monastères, ils reviennent tous deux
devant Charles. Ils ont chaussé les éperons en leurs

---

(1) C'est à-dire tant que dure la caution, jusqu'à la fin du duel.

pieds, vêtu des hauberts brillants et forts et légers; attaché sur leurs têtes des heaumes étincelants, ceint leurs épées à la poignée d'or pur, pendu au cou leurs écus blasonnés, pris au poing droit leurs épieux tranchants, puis ils sont montés sur leurs destriers rapides. En cet instant, les larmes coulent des yeux de cent mille chevaliers qui s'apitoient sur Thierry pour Roland. Dieu sait bien quelle sera la fin.

CXI

Vaste est la prairie qui s'étend au-dessous d'Aix. Le combat des deux Barons est engagé. Ils sont preux et de grande vaillance, et leurs chevaux sont agiles et adroits. Ils les piquent vivement, leur lâchent toutes les rênes, et se vont heurter violemment l'un contre l'autre. Les écus sont faussés et brisés, les hauberts rompus et leurs sangles en pièces, les aubes tournent, les selles tombent par terre. Deux cent mille hommes pleurent à ce spectacle.

CXII

Les deux chevaliers sont par terre. — Dieu nous aide ! — Ils se redressent, alertes, sur leurs pieds. Pinabel est vigoureux, agile et léger. L'un cherche l'autre. Ils n'ont plus de chevaux. De leurs épées à la poignée d'or pur, ils frappent et refrappent encore sur les heaumes d'acier. Les coups sont si rudes, que les heaumes en sont fendus. Les chevaliers français se troublent : « Mon Dieu, faites éclater le bon droit de « Charles ! »

CXIII

Pinabel dit : « Thierry, rends-toi : je serai ton « homme par foi et par amour, je te donnerai de mes « biens autant que tu voudras, mais obtiens du Roi la « grâce de Ganelon. » — « Je n'y veux pas seulement « penser, répond Thierry. Je serais félon de t'accor- « der cela. Que Dieu prononce aujourd'hui entre « nous ! » — Dieu nous aide !

CXIV

Thierry dit encore : « Pinabel, tu es un vrai brave; « tu es grand et fort, et tu as le corps bien pris; tes « pairs connaissent ta vaillance. Renonce à ce combat, « et je te fais rentrer en grâce auprès de Charlemagne. « Mais de Ganelon telle justice sera faite que plus un « jour ne se passera qu'il n'en soit parlé ! » — « Au « Seigneur Dieu ne plaise ! dit Pinabel. Je veux sou- « tenir toute ma parenté. Je ne m'avouerai vaincu par

« aucun homme mortel. J'aime mieux mourir que su-
« bir cet affront. »

Ils recommencent à frapper de leurs épées sur les heaumes incrustés d'or. Les étincelles en volent au ciel. Personne ne saurait les séparer, et ce duel ne peut avoir de fin sans qu'un homme meure. DIEU NOUS AIDE !

CXV

Il est plein de courage, Pinabel de Sorence ! Il frappe Thierry sur son heaume provençal, et l'éclair jaillit du choc et l'herbe prend feu. Il tourne sur lui la pointe de son épée, il la dirige au milieu de la face, et la joue droite de Thierry est toute sanglante. Il lui démaille son haubert du dos jusqu'à la naissance du ventre. Sans la protection de Dieu, Thierry serait écrasé mort. DIEU NOUS AIDE !

CXVI

Thierry se voit blessé au visage, son sang coule vermeil sur l'herbe du pré. Il frappe Pinabel sur son heaume d'acier bruni, qu'il brise et fend jusqu'au nasal. La cervelle s'échappe de la tête. Thierry brandit son épée, il abat mort Pinabel. A ce coup il a gagné la victoire. Les Français s'écrient : « C'est la main

« de Dieu ! Il est trop juste que Ganelon soit pendu,
« et aussi ses parents qui ont plaidé pour lui. » Dieu
nous aide !

CXVII

Quand Thierry a remporté la victoire, l'Empereur Charles vient à lui, accompagné de quarante Barons, dont le duc Neimes, Ogier de Danemark, Geoffroy d'Anjou et Guillaume de Blaye. Le Roi prend Thierry dans ses bras, lui essuie le visage avec ses grandes fourrures de martre, et après les lui retire pour le couvrir d'autres. On désarme avec grandes précautions (1) le chevalier, on le fait monter sur une mule d'Arabie. Tous reviennent joyeux et les rangs confondus. On rentre à Aix, on descend sur la place. Et alors commence le supplice des autres.

CXVIII

Charles interpelle ses comtes et ses ducs : « Quel
« est votre avis, touchant ceux que j'ai gardés ? Ils
« sont venus au procès pour Ganelon, ils se sont livrés
« en otages pour Pinabel. » — « Que pas un ne vive ! »
répondent les Français. Le Roi commande à son vi-

---

(1) *Mult suavet.*

guier (1) Basbrun : « Va les pendre tous à l'arbre
« de bois maudit. Par cette barbe dont les poils sont
« blanchis! si un seul s'échappe, tu es mort, confondu
« avec eux. » — « Quel profit en aurais-je? » répond
Basbrun. Assisté de cent valets, il emmène de force
les condamnés. Tous les trente sont pendus. Homme
qui trahit soit occis et détruit! DIEU NOUS AIDE!

CXIX

Les Bavarois et les Allemands, et les Poitevins et
les Bretons et les Normands sont revenus. Les Français sur tous les autres sont d'accord que Ganelon
meure d'un supplice extraordinaire. On fait avancer
quatre destriers, puis on le lie des pieds et des mains.
Les chevaux sont farouches et ardents, quatre valets
les chassent vers une cavale qui est au milieu d'un
champ. Ganelon est tourné pour sa perte fatale. Tous
ses nerfs sont tirés sans mesure, et tous les membres
de son corps sont rompus. Son sang vermeil coule
sur l'herbe verte. Ganelon est mort comme un félon
sans courage. Homme qui trahit son prochain, ne doit
pas pouvoir s'en vanter.

(1) Les viguiers (*vicarii*) exerçaient pour le Roi et les seigneurs
suzerains les droits de haute justice.

CXX

Quand l'Empereur a consommé sa vengeance, il s'adresse aux Évêques de France, à ceux de Bavière et à ceux d'Allemagne : « J'ai une noble captive en « ma maison. Touchée par tant de sermons et tant « d'exemples, elle veut croire en Dieu et demande « d'être Chrétienne. Baptisez-la, pour que son âme « soit à Dieu. » — « Qu'elle ait des marraines, ré- « pondent-ils. Vous avez ici assez de dames de haut « lignage : aux bains d'Aix la foule est grande. »

On baptise la Reine d'Espagne, on lui donne le nom de Julienne, et c'est une Chrétienne qui connaît bien la foi qu'elle embrasse.

CXXI

Après que l'Empereur a exercé sa justice et que son terrible ressentiment a éclaté, il a fait entrer au cœur de Bramidonie la foi chrétienne.

Le jour a fui, la nuit est calme. Le Roi est couché dans sa chambre voûtée. Saint Gabriel lui vient dire de la part de Dieu : « Charles, convoque les armées « de ton empire. Va en force au royaume de Syrie, « tu secourras le Roi Vivien à Imphe, dans la ville « que les païens assiégent. Les Chrétiens te réclament

« à grands cris. » L'Empereur n'y voudrait point aller. « Dieu ! dit le Roi, que de peines en ma vie ! » Les larmes coulent de ses yeux, et il tire sa barbe blanche.

Ici s'arrête la *Geste* que Théroulde a chantée.

FIN DE LA CHANSON DE ROLAND

HISTOIRE
DE
LA VIE DE CHARLEMAGNE
ET DE ROLAND
PAR JEAN TURPIN.

Les vingt premiers chapitres de la *Chronique de Turpin* forment le récit des événements antérieurs à la trahison de Ganelon; et il semblerait, à cause de cela, que la *Chronique* dût précéder la Chanson de geste. Mais le dernier chapitre de la *Chronique* va plus loin que la dernière stance de la Chanson, il va jusqu'à la mort de Charlemagne. D'ailleurs, l'inégalité de mérite réduit la *Chronique de Turpin* à n'être jamais que l'accessoire du poëme de Théroulde, et, malgré l'incontestable beauté de quelques parties, je n'aurais pas eu la pensée de la traduire si, au moment de publier *Roland*, je n'avais pas reconnu dans la *Chronique* une introduction et un complément nécessaires.

HISTOIRE

DE

LA VIE DE CHARLEMAGNE

ET DE ROLAND (1)

CHAPITRE PREMIER

Épître du bienheureux Archevêque Turpin à Léoprandus.

TURPIN, PAR LA GRACE DE DIEU, ARCHEVÊQUE DE REIMS, et compagnon assidu de l'Empereur Charlemagne en Espagne,

A Léoprandus, doyen d'Aix-la-Chapelle, salut en Notre-Seigneur.

---

(1) *Veterum scriptorum, qui Cæsarum et Imperatorum Germanicorum res per aliquot secula gestas, literis mandarunt, tomus unus. Ex bibliotheca Justi Reuberi,* etc., Francofurti, apud hæredes Andreæ Wecheli, MDLXXXIIII.

Puisque vous m'avez demandé naguère, quand j'étais à Vienne, encore un peu malade des cicatrices de mes blessures, de vous écrire comment Charlemagne, votre Empereur très-illustre, a délivré de l'oppression des Sarrasins le pays d'Espagne et de Galice, admirez ses travaux merveilleux et ses fameux triomphes sur les Sarrasins d'Espagne, ce que j'ai vu de mes propres yeux pendant quatorze ans que j'ai parcouru l'Espagne et la Galice avec lui. Je n'hésite pas à écrire ainsi ce que je sais de certain de ses guerres et à l'adresser à votre amitié (1).

Vous m'écrivez que vous n'avez pas pu retrouver dans la *Chronique de Saint-Denis* les merveilles accomplies par l'Empereur en Espagne et que la renommée a publiées. Ou bien leur grand nombre aurait mené l'auteur trop loin, ou bien, n'ayant pas été en Espagne, il ne les a pas connues. Je n'écris que pour compléter sa Chronique, et je ne veux pas que vous vous sépariez jamais de mon récit.

Vivez bien portant et agréable au Seigneur. Amen.

(1) « Vestræque fraternitati. »

CHAPITRE II

L'Apôtre saint Jacques invite Charlemagne à délivrer l'Espagne et la Galice de l'oppression des Sarrasins.

On rapporte que saint Jacques, le très-glorieux Apôtre de Jésus-Christ, quand les autres Apôtres et les disciples du Seigneur se dispersèrent dans tous les pays du monde, vint d'abord prêcher l'Évangile en Galice. Plus tard ses disciples, ayant racheté au Roi Hérode le corps de l'Apôtre, le rapportèrent de Jérusalem en Galice par mer, et à leur tour évangélisèrent la Galice. Mais ensuite les Galiciens, tyrannisés par leurs péchés, abandonnèrent la foi jusqu'au temps de Charlemagne, Empereur des Romains, des Français et des Germains et d'autres peuples, et retombèrent sous la loi païenne.

Cependant Charles, après avoir accompli tant de travaux dans tant de pays de l'univers, après avoir conquis par l'invincible puissance de son bras tant de royaumes, l'Angleterre, la France, la Germanie, le pays des Boïens (1), la Lorraine, la Bourgogne

---

(1) Le Bourbonnais.

l'Italie et d'autres États, et des villes innombrables, de l'une à l'autre mer, après les avoir arrachées aux mains des Sarrasins malgré leurs défenses surnaturelles, après y avoir établi le règne de Jésus-Christ, lassé de ce rude labeur et de cette grande fatigue, résolut de ne plus faire la guerre et de se donner du repos.

Aussitôt il vit au ciel une sorte de chemin formé d'étoiles et qui, commençant à la mer de Frise, se dirigeant entre la Germanie et l'Italie, entre la Gaule et l'Aquitaine, passait tout droit à travers la Gascogne, le pays des Basques, et la Navarre et l'Espagne jusqu'en Galice, où reposait le corps du bienheureux saint Jacques. Toutes les nuits Charles revoyait et souvent ce chemin d'étoiles, et il fut fort préoccupé d'en découvrir la signification.

Comme il avait l'esprit plongé dans ces pensées, un héros lui apparut en songe, d'une beauté si merveilleuse qu'on ne saurait l'exprimer : « Beau fils, que
« fais-tu ? demanda-t-il à Charles. — Sire, qui es-tu?
« répond celui-ci. — Je suis Jacques l'Apôtre, le dis-
« ciple de Jésus-Christ, le fils de Zébédée, le frère de
« Jean l'Évangéliste, que Notre-Seigneur, par une
« grâce ineffable, a daigné choisir sur la mer de Galilée
« pour prêcher sa foi aux peuples. Je suis celui que le
« Roi Hérode fit périr par le glaive, dont le corps re-
« pose sans mémoire et sans honneur dans cette Galice

« qui gémit sous la honteuse oppression des Sarrasins.
« Et je ne saurais trop admirer que tu n'aies point dé-
« livré ma terre de ces mécréants, toi qui as conquis
« tant d'États et tant de villes. C'est pourquoi je t'an-
« nonce que Notre-Seigneur, qui t'a fait le plus puis-
« sant des Rois du monde, t'a choisi pour ouvrir aux
« pèlerins le chemin de mon tombeau, pour délivrer
« ma terre de ces Moabites, car il t'a élu entre tous et
« te réserve une couronne de récompense éternelle.
« Ce chemin d'étoiles, que tu as vu au ciel, signifie
« que tu iras d'ici jusqu'en Galice avec de grandes ar-
« mées combattre cette race perfide de païens, ouvrir
« la voie qui conduit à mon tombeau, délivrer ma terre
« et visiter ma chapelle et ma sépulture. Et après toi
« tous les peuples de l'une à l'autre mer y viendront
« en pèlerinage pour obtenir du Seigneur le pardon de
« leurs péchés ; et ils y viendront encore, racontant
« les louanges du Seigneur et ses vertus et ses œuvres
« admirables ; ils y viendront depuis le temps de ta
« vie jusqu'à la fin de ce siècle. Mais maintenant va
« aussi vite que tu pourras : je serai ton secours en
« tout et toujours, et, à cause de tes travaux, j'ob-
« tiendrai pour toi du Seigneur une couronne céleste,
« et ton nom sera glorieux jusqu'à la fin des temps. »

C'est ainsi que le bienheureux Apôtre apparut trois fois à Charles. Et Charles, après l'avoir entendu, confiant dans la promesse de l'Apôtre, rassembla d'immenses armées et entra en Espagne pour combattre la race perfide.

CHAPITRE III

Les murs de Pampelune tombent d'eux-mêmes.

La première ville qu'il assiégea, Pampelune, se maintint malgré ses efforts et l'arrêta pendant trois mois. Il ne pouvait prendre cette ville protégée par des murs inexpugnables. Alors il adressa cette prière au Seigneur : « Seigneur Jésus-Christ, dont je suis « venu défendre la foi en ce pays contre une race per- « fide, faites-moi la grâce que je prenne cette ville, « pour la gloire de votre nom. O bienheureux saint « Jacques, si c'est vraiment vous qui m'êtes apparu, « faites-moi la grâce que je la prenne. » Alors, à la prière de saint Jacques et par la grâce de Dieu, les murs s'écroulèrent, détruits jusque dans leurs fondements. Il conserva la vie à ceux des Sarrasins qui voulurent recevoir le baptême, et il fit périr par le glaive ceux qui le refusèrent.

Le bruit de ce miracle s'étant répandu dans le pays, Charlemagne trouva, dans tous les lieux où il portait ses pas, les Sarrasins s'inclinant devant lui, lui envoyant des tributs et lui rendant leurs villes ; et toute la terre d'Espagne devint ainsi sa tributaire. La race sarrasine était émerveillée de voir la race française si valeureuse, si bien vêtue et si élégante, et ils recevaient honorablement et paisiblement les Français, sans qu'il fût encore besoin d'employer les armes.

Après avoir visité le tombeau du bienheureux saint Jacques, Charlemagne alla jusqu'aux rochers du rivage, où il planta son étendard, rendant grâce à Dieu et à saint Jacques qui l'avaient conduit jusque-là. Il n'avait pu y arriver auparavant.

La grâce du baptême, administrée par les mains de l'Archevêque Turpin, régénéra les Galiciens qui, depuis la prédication du bienheureux saint Jacques et de ses disciples, étaient retournés à l'infidélité païenne. Je parle de ceux qui voulurent revenir à la foi et qui n'étaient pas encore baptisés. Mais pour ceux qui repoussèrent la foi chrétienne, ou il les fit périr par le glaive, ou il les fit prisonniers et les plaça sous la domination des Chrétiens. Ensuite il alla par toute l'Espagne, de l'une à l'autre mer.

CHAPITRE IV

De l'idole de Mahomet.

Charlemagne détruisit entièrement les idoles et les simulacres qu'il trouva en Espagne, outre l'idole du pays d'Alandaluf, qui s'appelle Islam-Cadis : Cadis est le nom de la ville où est l'Islam, qui, en arabe, veut dire Dieu. Les Sarrasins rapportent que Mahomet, quand il vivait, a fabriqué lui-même cette idole qu'ils adorent, à laquelle il a donné son nom et dans laquelle il a emprisonné, par un art magique, une légion de Démons qui communiquent à l'idole une telle force que personne ne pourra jamais la briser. Si quelque Chrétien en approche, il est aussitôt en péril. Mais si c'est un Sarrasin qui vient à Mahomet pour l'adorer ou pour le prier, il se retire sain et sauf. Si par hasard un oiseau vient se poser sur l'idole, il meurt sur-le-champ. Il y a ainsi, au bord de la mer, une pierre ancienne très-bien travaillée, dans la partie qui s'élève au-dessus de la terre, par la main des Sarrasins. Elle est large et carrée dans sa partie inférieure, étroite dans sa partie supérieure, et très-haute, c'est-à-dire qu'elle monte jusqu'à cette hauteur où le corbeau a l'habitude de s'élever. Sur cette pierre est l'idole, faite de l'or le plus fin, à la ressemblance humaine, assise sur ses pieds, la figure tournée vers le midi, et tenant dans sa main droite une énorme clef. Cette clef, disent les Sarrasins, doit tomber de sa main l'année où naîtra en France le Roi qui doit soumettre un jour toute la terre d'Espagne à la Loi chrétienne. A peine eurent-ils vu tomber la clef, qu'abandonnant tous leurs trésors, ils prirent la fuite.

CHAPITRE V

Des églises qu'éleva Charlemagne.

De l'or qu'il reçut des Rois et des Princes d'Espagne, Charlemagne, pendant les trois années qu'il demeura dans ce pays, agrandit la basilique du bienheureux saint Jacques, y établit un Patriarche et des chanoines, selon la règle du bienheureux Isidore, Évêque et Confesseur, et la pourvut convenablement de cloches, de vêtements sacrés et d'autres ornements. Revenu d'Espagne, il fonda nombre d'églises de l'immense quantité d'or et d'argent qu'il en avait encore rapporté : l'église dédiée à la bienheureuse Vierge Marie, à Aix-la-Chapelle ; la basilique de Saint-Jacques, à Toulouse ; et celle qui est en Gascogne, entre la ville d'Ax et Saint-Jean-de-la-Corduène, au chemin du tombeau de l'Apôtre ; et l'église de Saint-Jacques qui est à Paris, entre le fleuve de la Seine et le mont des Martyrs ; et les abbayes innombrables qu'il établit par le monde.

CHAPITRE VI

Du retour de Charlemagne en France, et d'Aigoland, Roi des Africains.

Après le retour de Charlemagne en France, un certain Roi païen de l'Afrique, du nom d'Aigoland, s'empara de l'Espagne par ses armées, et des Chrétiens que Charlemagne avait laissés dans les châteaux et dans les villes pour garder ce pays, chassa les uns et fit périr les autres. A la nouvelle de ces événements, Charlemagne rentra en Espagne avec des armées nombreuses sous le commandement de Milon d'Anglure.

CHAPITRE VII

Histoire d'une aumône faite par un mort.

Il nous faut raconter ici un exemple que le Seigneur daigna nous faire voir à tous, de ceux qui retiennent injustement les aumônes laissées par les morts.

Comme l'armée de Charlemagne était logée à Bayonne, au pays des Basques, un soldat nommé Romarique tomba gravement malade. Se voyant près de mourir, il fit à un prêtre sa confession, communia et chargea un sien cousin de vendre son cheval et d'en donner le prix aux clercs et aux pauvres. Après sa mort, son cousin, tourmenté par la convoitise, vendit le cheval cent sous qu'il dépensa bien vite à boire et à manger.

Mais la vengeance du divin Juge suit habituellement le crime de bien près. Au bout de trente jours, le mort apparut en songe au coupable, pendant la nuit, et lui dit : « Comment t'es-tu acquitté du soin de « mes affaires, toi que j'avais chargé de faire l'au- « mône pour le rachat de mon âme ? Apprends que « Dieu, en me remettant tous mes péchés, m'a retenu

« trente jours en Purgatoire, parce que tu as injuste-
« ment retenu mon aumône. J'en suis sorti. Mais toi,
« tu seras demain en Enfer, tandis que j'entrerai en
« Paradis. »

Ayant ainsi parlé, le mort disparut, et le vivant s'éveilla plein d'épouvante. Le matin, il fit à tous le récit de ce qu'il avait entendu ; on s'entretint dans toute l'armée de cet événement extraordinaire. Mais tout à coup on entendit dans les airs, au-dessus du coupable, des cris semblables à des rugissements de lions, à des hurlements de loups, à des beuglements de veaux. Et aussitôt, parmi tout ce vacarme, le malheureux est enlevé vivant et plein de santé, du milieu de ceux qui sont là, enlevé par des Démons. Pendant quatre jours on le cherche, à pied et à cheval, par monts et par vaux, et on ne le trouve nulle part. Enfin, après douze jours que notre armée parcourt les solitudes de ce pays des Navarrois et des Démons, on trouve, sur la pointe d'un rocher, le corps sans vie et fracassé. Les Démons l'ont porté trois lieues au-dessus de la mer, à quatre jours de distance de Bayonne. Ils ont jeté là le corps et emporté l'âme en Enfer.

Avis. Que ceux qui retiennent injustement les aumônes que les morts les ont chargés de distribuer, apprennent par là qu'ils seront damnés éternellement.

CHAPITRE VIII

Bataille de saint Façonde, où les lances reverdissent.

Après cela, Charlemagne et Milon commencèrent, avec leurs armées, à chercher Aigoland en Espagne. Ils le cherchèrent si habilement, qu'ils le trouvèrent en un endroit appelé la terre des Champs, sur le fleuve de Ceira, au milieu d'une prairie, c'est-à-dire d'une vaste plaine. C'est là que plus tard, par l'ordre de Charlemagne et avec ses dons, fut élevée aux bienheureux Martyrs saint Façonde et saint Primitif, une grande et belle basilique. C'est là que reposent les corps des Martyrs, là qu'est établie une abbaye de moines, et une grande et opulente ville.

A l'approche des armées de Charlemagne, Aigoland proposa la bataille à l'Empereur, suivant sa volonté, ou vingt contre vingt, ou quarante contre quarante, ou cent contre cent, ou mille contre mille, ou deux contre deux, ou un contre un. Charlemagne envoya cent des siens contre cent de ceux d'Aigoland, et les païens furent massacrés. Alors Aigoland en envoya deux cents contre deux cents, et ils furent encore massacrés. Ensuite Aigoland en envoya deux mille contre deux mille, une partie périt encore et l'autre lâcha pied. Le troisième jour, Aigoland, ayant consulté secrètement le sort, connut le désastre réservé à Charlemagne. Il lui proposa une grande bataille pour le lendemain, et Charles l'accepta. Le soir avant le jour de la bataille, quelques Chrétiens préparèrent soigneusement leurs armes et fichèrent leurs lances en terre devant les tentes du camp, dans la prairie, au bord du fleuve. Le matin ils retrouvèrent couvertes d'écorce et de feuillage les lances de ceux qui devaient recevoir, dans cette bataille, la palme du martyre pour la foi de Jésus-Christ. Un si grand miracle les remplit d'admiration plus qu'on ne saurait dire; ils chantèrent les louanges de la grâce divine; ils coupèrent leurs lances presque à ras de terre; les racines, restant dans le sol comme des surgeons, poussèrent depuis et devinrent de grands arbres qu'on peut voir encore en cet endroit. Beaucoup de ces lances étaient de bois de frêne. Il y eut là un grand miracle, et aussi une grande joie, et un grand profit pour les âmes, et un grand dommage pour les corps qui périrent.

Que dire de plus? La bataille a lieu des uns contre les autres; quarante mille Chrétiens y périssent; le chef de l'armée, Milon, père de Roland, y conquiert la palme du martyre avec ceux dont la lance a reverdi, et le cheval de Charlemagne est tué. Ainsi démonté, Charlemagne combat à pied, avec deux mille Chrétiens à pied comme lui; entouré des Sarrasins, il tire du fourreau son épée, *Joyeuse* de son nom, et tranche nombre de païens par le milieu du corps. Mais, quand vient le soir, Sarrasins et Chrétiens regagnent leurs tentes. Le lendemain, quatre marquis d'Italie viennent au secours de Charlemagne avec quatre mille hommes d'armes. A peine Aigoland en sait-il la nouvelle, qu'il prend la fuite, et Charlemagne rentre en France avec son armée.

Avis. Le salut est assuré des âmes de ceux qui combattent pour Jésus-Christ : telle est la signification de ce miracle des lances qui reverdissent. Comme avant la bataille, les soldats de Charlemagne préparèrent leurs armes pour le combat, ainsi devons-nous préparer nos armes, c'est-à-dire les vertus bienfaisantes, pour combattre contre les vices. Quiconque oppose la foi à l'hérésie difforme, ou la charité à la haine, ou la générosité à l'avarice, ou l'humilité à l'orgueil, ou la chasteté à la volupté, ou la prière continue à la tentation des Démons, ou l'esprit de pauvreté à la prospérité, ou la persévérance à l'inconstance, ou le silence aux querelles, ou l'obéissance aux intérêts charnels, verra ses lances fleuries et victorieuses au jour du jugement de Dieu. Oh ! qu'elle sera heureuse et fleurie, dans le Paradis, l'âme du vainqueur qui aura loyalement combattu sur la terre contre les vices !

Mais il n'y aura de couronnés que ceux qui auront loyalement combattu. Et comme les chevaliers de Charlemagne succombèrent en combattant pour la foi de Jésus-Christ, ainsi devons-nous en ce monde mourir aux vices et vivre dans les divines vertus, afin de cueillir dans le royaume du Ciel une palme fleurie, une palme de victoire !

CHAPITRE IX

La ville d'Agen.

Aigoland rassemble ses peuplades innombrables, les Sarrasins, les Maures, les Moabites, les Éthiopiens, les Parthes, les Africains, les Perses, Théxephine, le Roi d'Arabie, Urabelle, le Roi d'Alexandrie, Avithe, le Roi de Bougie, Hospine, le Roi d'Algarbie, Facine, le Roi de Barbarie, Ailis, le Roi de Maroc, Alphinorgée, le Roi de Majorque, Maimone, le Roi de la Mecque, Ébraïm, le Roi de Séville, Altumajor, le Roi de Cordoue. Il se jette sur Agen, ville de Gascogne, et la prend. De là il mande à Charlemagne de venir à lui pacifiquement avec une petite poignée de soldats, lui promettant de lui donner en signe d'amitié et de bon vouloir soixante chevaux chargés d'or, d'argent et d'autres richesses, s'il veut reconnaître sa souveraineté. Il lui fait cette proposition pour le voir et apprendre à le distinguer entre ses preux et pouvoir ensuite le tuer dans un combat.

Mais Charlemagne, qui devine le piége, vient avec deux mille de ses plus vaillants hommes jusqu'à quatre millés d'Agen, et là il les renvoie ostensiblement, et vient avec soixante hommes d'armes seulement jusqu'à la montagne qui est contre la ville et d'où on peut la voir. Il renvoie encore ses soixante hommes, change ses riches habits, laisse sa lance, renverse son bouclier, à la façon des messagers en temps de guerre, et se rend à la ville avec un seul compagnon. Quelques Sarrasins en sortent et viennent les interroger et savoir ce qui les amène. « Nous sommes, répondent les
« arrivants, messagers du Roi Charlemagne, envoyés
« auprès d'Aigoland, votre Roi. » On les fait entrer dans la ville, on les conduit devant Aigoland : « Char-
« lemagne, lui disent-ils, nous envoie vous annoncer
« qu'il arrive lui-même, comme vous le lui avez or-
« donné, avec soixante hommes d'armes, car il veut
« combattre sous votre commandement et devenir
« votre homme, si vous voulez lui donner ce que vous
« lui avez promis. Mais pour cela il faut que vous ve-
« niez lui parler pacifiquement avec un pareil nombre
« de soixante de vos hommes. »

Aigoland prend ses armes, et leur ordonne de retourner à Charlemagne et de lui dire de l'attendre. Il ne soupçonne guère en ce moment qu'il a Charlemagne devant lui. Mais Charlemagne le connait maintenant, et il observe la ville, étudiant le côté où elle est plus facile à prendre. Il voit les Rois sarrasins qui s'y trouvent. Et il retourne vers les soixante hommes d'armes qu'il a laissés en arrière, et, en leur compagnie, il retourne vers les deux mille autres. Aigoland les suit en toute hâte avec sept mille hommes d'armes, pour tuer Charlemagne. Mais les Français, qui sont sur leurs gardes, leur échappent par la fuite.

Charles, rentré en France, rassemble de grandes armées, revient à la ville d'Agen, l'entoure et la tient assiégée pendant six mois. Au septième mois, il fait diriger contre les murs ses pierriers, et ses mangoniaux, et ses truies (1), et ses béliers, et ses autres machines; il fait approcher ses châteaux de bois. Aigoland et les Rois sarrasins, et les principaux chefs, trompant la vigilance des Français, se sauvent une nuit par les latrines, traversent le fleuve de la Garonne qui coule près de la ville, et échappent aux mains de Charlemagne. Le lendemain, Charlemagne entre en grand triomphe dans la ville. Des Sarrasins qui se trou-

---

(1) « TROIA. Machina bellica, Gallis *Truie*, seu *Troye*, uti « suem vocat Consuetudo Solensis, tit. XV, art. viii, tit. XVI, art. v, « ita dicta, quod humum, ut sus, subvertat. Ducange.

vent là, les uns sont tués, les autres se précipitent dans la Garonne pour échapper aux vainqueurs. Mais dix mille Sarrasins périssent par le glaive.

CHAPITRE X

La ville de Saintes, où les lances reverdirent.

Aigoland vint à Saintes, qui était alors sous la domination des Sarrasins. Charlemagne se mit à sa poursuite et lui manda de rendre la ville. Le païen refusa, mais sortit pour lui proposer une bataille après laquelle la ville serait au vainqueur. Mais le soir avant le jour de la bataille, comme les tentes, les machines de guerre et les troupes étaient préparées dans une prairie qui est entre le château de Taillebourg et la ville, contre le fleuve de la Charente, quelques Chrétiens fichèrent leurs lances en terre devant ces tentes. Le lendemain, ils trouvèrent leurs lances couvertes d'écorce et de feuillage, mais ceux-là seulement qui devaient recevoir dans la bataille la palme du martyre pour la foi de Jésus-Christ. Comblés de joie par un si grand miracle, ils arrachèrent leurs lances de terre et périrent ensemble au commencement de la bataille. Après avoir tué quantité de Sarrasins, ils obtinrent enfin la couronne du martyre. Ils étaient au nombre de quatre mille. Le cheval de Charlemagne fut tué, Charlemagne lui-même près de succomber sous l'effort des païens; mais reprenant ses forces, il les combattit à pied avec son armée, et en fit un grand carnage. Les Sarrasins, affaiblis par tant de pertes et incapables de plus résister à l'Empereur, cherchent un refuge dans la ville; il en cerne les murs de toutes parts, excepté du côté du fleuve. Pendant la nuit suivante, Aigoland se met à fuir avec ses troupes en traversant le fleuve. Mais Charlemagne, qui s'en aperçoit, les poursuit encore; il tue le roi d'Algarbie et le Roi de Bougie, et encore un grand nombre de païens, environ quatre mille.

CHAPITRE XI

Suite d'Aigoland. — Les hommes d'armes de Charlemagne.

Aigoland, qui s'enfuit, passe les défilés pyrénéens, arrive à Pampelune et mande à Charlemagne qu'il l'attend là pour une bataille. A ce défi, Charlemagne rentre en France, il convoque les armées de tous ses États, et fait publier dans tout son empire que tous les serfs qui gémissent sous une domination funeste, et qui le suivront en Espagne pour détruire cette race perfide, seront affranchis, que leur rançon sera payée, aussi celle de leur descendance présente et future, pour qu'ils soient libres à toujours, et que jamais les Français ne soient sous la domination d'aucune race barbare. Que dirais-je de plus? Il donne la liberté aux esclaves prisonniers, il donne de l'argent à ceux qui sont pauvres, des vêtements à ceux qui sont nus, il apaise les malintentionnés, il réhabilite par des honneurs personnels les déshérités, il pardonne à ceux qui étaient l'objet de sa haine, il regagne l'amitié des mécontents, pour les emmener tous avec lui en Espagne. Et nous Turpin, nous relevons de leurs péchés, en vertu de l'autorité de Dieu et par notre bénédiction et notre absolution, ceux que le Roi associe à son entreprise contre la race perfide. Après qu'il a ainsi rassemblé cent trente-quatre mille hommes d'armes, Charlemagne entre en Espagne et s'avance contre Aigoland.

Voici les noms des principaux guerriers qui l'accompagnent. Nous Turpin, Archevêque de Reims, qui fortifions par les enseignements de Jésus-Christ le courage du peuple fidèle, qui l'absolvons de ses péchés et qui manions souventefois les armes contre les Sarrasins. Roland, chef des armées, comte du Mans et sire de Blaives, neveu de Charlemagne, car il est fils de sa sœur Berthe et fils du duc Milon d'Anglure : avec lui il a quatre mille hommes d'armes. (Il y eut bien un autre Roland, dont il ne nous faut point parler à cette heure.) Olivier, chef d'armée, combattant infatigable, très-savant dans l'art de la guerre, très-puissant par son bras et par son épée, ayant avec lui trois mille hommes d'armes. Estoult, comte de Langres, fils du comte Odon, ayant avec lui trois mille hommes d'armes. Arastagne, Roi des Bretons, avec sept mille hommes d'armes. (Il y avait alors en Bretagne un autre Roi dont aujourd'hui on ne connaît pas bien l'histoire.) Angelier, duc d'Aquitaine, avec quatre mille hommes d'armes, expert au maniement de toutes les armes, et surtout de l'arbalète et de la flèche. Gaifier, Roi de Bordeaux, avec trois mille hommes d'armes. Galère ; Galin ; Salomon, le compagnon d'Estoult ; Beaudouin, le frère de Roland ; Gaudebord, Roi de Frise, avec sept mille braves ; Oëllus, comte de la ville vulgairement appelée Nantes, avec deux mille braves. (On le chante encore aujourd'hui dans une cantilène, car il accomplit d'innombrables prodiges.) Lambert, prince de Bourges, avec deux mille hommes ; Hego, Albert de Bourgogne, Berard de Nubles, Gumard, Esturinis, Théodoric, Yvon, Bérenger, Haton, Ganelon, qui depuis trahit. Charlemagne a de son propre domaine une troupe de quarante mille cavaliers et d'innombrables gens à pied, armée de héros, de preux de Jésus-Christ, de propagateurs de la Foi chrétienne dans le monde. Comme Notre-Seigneur Jésus-Christ a fait la conquête du monde avec ses douze Apôtres et ses disciples, ainsi Charles, Roi des Français et Empereur des Romains, a fait avec ces combattants la conquête de l'Espagne pour l'honneur du Nom de Dieu.

Charlemagne mande à Aigoland de lui rendre Pampelune qu'il a élevée et qu'il a encore fortifiée, ou de sortir de la ville pour accepter la bataille. Aigoland voit bien qu'il ne pourra défendre Pampelune contre l'Empereur, et il aime mieux en sortir pour se battre que de finir honteusement dans la ville. Il mande à Charles de lui accorder une trêve pour qu'il puisse faire sortir toute son armée, se préparer à la bataille, et entrer personnellement en pourparler avec lui. Aigoland a en effet le désir de voir Charlemagne.

CHAPITRE XII

La trêve accordée. — Discussion entre Charlemagne et Aigoland.

La trêve étant accordée, Aigoland sort de Pampelune avec son armée qu'il laisse auprès de la ville, et vient, avec soixante de ses principaux guerriers, devant le tribunal de Charlemagne, qui est avec ses troupes à un mille de Pampelune. Les deux armées sont dans une belle et grande prairie qui a bien six milles de long et de large. Le chemin de Saint-Jacques (1) les sépare.

Charlemagne dit au païen : « C'est toi qui es Aigo-
« land et qui m'a pris par fraude mon domaine.
« J'avais conquis par la puissance invincible de Dieu
« la terre d'Espagne et de Gascogne, je l'avais con-
« vertie à la Loi chrétienne, j'avais réduit ses Rois
« sous mon empire. Mais toi, pendant que j'étais en
« France, tu as fait périr mes Chrétiens, tu as détruit
« mes villes et mes châteaux, tu as dévasté tout le
« pays par le fer et par le feu. Et j'en suis profon-
« dément outragé. »

Aigoland est étonné d'entendre que Charlemagne lui parle en arabe, et il s'en réjouit. Charlemagne a en effet appris la langue des Sarrasins à Collet, où il passa quelque temps dans son enfance.

Aigoland répond à Charlemagne : « Je te prie de
« me dire pourquoi tu as pris à notre nation cette
« terre qui ne te revenait pas par droit d'héritage, ni
« à ton père, ni à ton aïeul, ni à ton bisaïeul, ni à
« aucun de tes ancêtres ? — Je l'ai fait, réplique

(1) C'est-à-dire le chemin qui conduit au tombeau de Saint-Jacques.

« Charlemagne, parce que Notre-Seigneur Jésus-
« Christ, Créateur du Ciel et de la terre, a élu mon
« peuple, c'est-à-dire le peuple chrétien, pour régner
« sur tous les peuples et sur toutes les nations du
« monde. Voilà pourquoi j'ai converti, autant que je
« l'ai pu, ta race païenne à notre Loi. — C'est une
« chose indigne, repart Aigoland, que notre race soit
« soumise à ta race, quand notre Loi vaut mieux que
« la tienne. Nous avons pour nous Mahomet, qui fut
« auprès de nous le Prophète de Dieu, et dont nous
« gardons les commandements. Nous avons des Dieux
« tout-puissants qui, par l'ordre du tout-puissant
« Mahomet, nous révèlent les choses futures. Nous
« les honorons de notre culte, et nous tenons d'eux
« la vie et la puissance. — En cela tu te trompes,
« Aigoland, lui dit Charlemagne : c'est nous qui
« avons les vrais commandements de Dieu, mais vous
« n'avez, vous, que les vains préceptes d'un homme
« vain. Nous croyons, nous, en Dieu, Père, Fils et
« Saint-Esprit, et nous l'adorons ; mais vous, c'est le
« Démon, caché sous des simulacres, qui reçoit votre
« foi et votre adoration. Notre foi conduit après la
« mort nos âmes au Paradis et à la vie éternelle ; les
« vôtres tombent dans les ténèbres de l'Enfer. Ce qui
« fait éclater la supériorité de notre foi sur la vôtre.
« Viens donc recevoir le Baptême avec tous les tiens,
« et vivez ; ou viens te battre contre moi et mourir

« dé male mort. — Que ce malheur ne m'arrive, re-
« prend Aigoland, de recevoir le Baptême et de re-
« nier Mahomet, mon Dieu tout-puissant ! Nous com-
« battrons, moi et les miens, contre toi et ta race. Et
« faisons ce pacte que, si ta Loi vaut mieux que la
« nôtre, nous le reconnaîtrons à votre victoire ; que
« les vaincus demeurent dans l'opprobre jusqu'à leur
« dernier jour, et qu'aux vainqueurs louange et
« gloire soient à jamais ! Si les miens sont vaincus et
« que je vive encore, je recevrai le Baptême. »

La chose ainsi convenue de part et d'autre, on choisit aussitôt vingt mille hommes d'armes Chrétiens et vingt mille hommes d'armes Sarrasins qui entrent en lutte suivant le pacte qui vient d'être fait. Que dirais-je de plus ? Tous les Sarrasins sont tués sur le champ. On oppose quarante-quatre combattants à quarante-quatre combattants, et les Sarrasins périssent encore. On oppose cent contre cent, et cette fois les Chrétiens rencontrent la mort pour avoir voulu lui échapper par la fuite.

Avis. Ces guerriers sont l'image des fidèles de Jésus-Christ, qui, voulant combattre pour la foi, ne doivent aucunement aller en arrière. Et comme ces derniers sont tués pour avoir fui, ainsi les fidèles de Jésus-Christ, qui doivent, avec l'assistance du Saint-Esprit, combattre courageusement contre les vices, s'ils reculent, meurent honteusement dans leurs péchés, et sont perdus éternellement. Mais ceux qui combattent les vices triomphent aisément de leurs ennemis, c'est-à-dire des Démons, les tuteurs des vices. Il n'y aura de couronné, dit l'Apôtre, que celui qui aura loyalement combattu.

Deux cents Chrétiens combattent contre deux cents Sarrasins, et tous les Sarrasins sont tués; puis mille contre mille, et tous les Sarrasins sont encore tués. Enfin, une trêve étant faite de part et d'autre, Aigoland vient parler à Charlemagne et reconnaître que la Loi chrétienne est meilleure que la païenne, et promettre que, le lendemain, lui et les siens la recevront. De retour au milieu de son armée, il annonce aux Rois et aux chefs qu'il veut recevoir le Baptême, et il ordonne aux siens de se faire tous baptiser. Les uns y consentent, les autres s'y refusent.

CHAPITRE XIII

La table de Charlemagne. — Les pauvres. — Scandale d'Aigoland qui renonce au Baptême.

Le lendemain, vers la troisième heure, Aigoland, profitant de la liberté d'aller et venir que lui donne la

trêve, vient à Charlemagne pour être baptisé. Il le trouve prenant son repas du matin. Il voit autour de lui de nombreuses tables où sont assis des convives portant l'habit militaire, ou l'habit noir des moines, ou l'habit blanc des chanoines. Il demande à Charles quels sont ces hommes : « Ceux que tu vois vêtus
« d'habits tout d'une couleur, lui répond Charles, sont
« les Evêques et les prêtres de notre Loi, qui nous
« exposent les préceptes de la Loi, qui nous absolvent
« de nos péchés et nous donnent la bénédiction du
« Seigneur. Ceux que tu vois vêtus de noir, sont les
« moines et les abbés : ils sont plus saints que les
« autres et ne cessent d'implorer pour nous la Majesté
« divine. Ils chantent la messe, les matines et les
« heures. »

Cependant Aigoland, voyant d'autre part douze pauvres misérablement vêtus, assis à terre, sans table et sans nappe, et ayant à peine à manger et à boire, demande à Charlemagne qui sont ces gens-là : « Ce sont
« les gens de Dieu, lui dit Charles, les messagers de
« Notre-Seigneur Jésus-Christ, que nous faisons ainsi
« manger chaque jour en souvenir des douze Apôtres
« du Seigneur. — Ceux qui sont autour de toi, lui ré-
« pond Aigoland, sont tiens, et sont fort heureux, ils
« mangent et boivent abondamment, et sont bien vêtus.
« Mais pourquoi ceux que tu appelles les gens de ton
« Dieu et ses messagers meurent-ils de faim ? pour-

« quoi sont-ils relégués loin de toi et honteusement
« traités ? Il sert mal son Seigneur, celui qui reçoit
« ainsi ses messagers ; il fait à son Dieu un grand af-
« front, celui qui traite ainsi ses serviteurs. Et ta Loi,
« que tu disais si bonne, tu fais voir maintenant qu'elle
« est fausse. »

Il prend congé de Charlemagne, retourne vers les siens, et, renonçant au Baptême, dès le lendemain il déclare la guerre. Charlemagne, comprenant alors que c'est à cause des pauvres qu'il a vu traiter si mal, qu'Aigoland ne veut plus être baptisé, pourvoit diligemment à ce que tous les pauvres qui se trouvent dans l'armée soient bien vêtus et à ce qu'ils aient abondamment à manger et à boire.

Avis. Il faut remarquer ici que c'est une grande faute pour un Chrétien de ne pas servir avec zèle les pauvres de Jésus-Christ. Si Charlemagne, pour avoir traité mal les pauvres, manqua de faire baptiser ce Roi et cette nation, qu'arrivera-t-il au jour du dernier Jugement à ceux qui, sur cette terre, auront été durs pour les pauvres ? Comment pourront-ils supporter la voix terrible qui leur dira : *Éloignez-vous de moi, maudits, allez dans le feu éternel, vous qui ne m'avez pas donné à manger quand j'avais faim*, et la suite. Il faut considérer que la Loi du Seigneur et la foi elle-même sont de peu de profit au Chrétien, s'il n'a l'abondance des œuvres, suivant la parole de l'Apôtre qui dit : « Ainsi que le corps mort est privé « d'âme, ainsi la foi sans bonnes œuvres est une foi « morte. » Comme ce Roi païen refusa le Baptême parce qu'il ne voyait pas dans Charlemagne les œuvres justes du Baptême, ainsi je crains qu'au jour du jugement Dieu ne reconnaisse pas en nous la foi du Baptême quand il ne trouvera pas les œuvres du Baptême.

CHAPITRE XIV

Bataille de Pampelune et mort d'Aigoland.

Le lendemain, les guerriers d'une et d'autre part se rencontrèrent au champ de bataille, comme il avait été convenu entre les deux Rois. L'armée de Charlemagne était de cent trente-quatre mille hommes, et celle d'Aigoland de cent mille. Les Chrétiens furent divisés en quatre légions, et les Sarrasins en cinq.

La première de celles-ci, qui s'avance pour le combat, est aussitôt vaincue. Les Sarrasins, quand ils voient ce dommage, se réunissent tous en faisceau, Aigoland se tient au milieu d'eux ; mais les Chrétiens les entourent aussitôt de toutes parts : d'un côté, c'est

Arnold de Beaulande avec son armée; d'un autre, le comte Estoult avec son armée; d'un autre, Arastagne avec son armée; d'un autre, le Roi Gaudebod avec son armée; d'un autre, le Roi Ogier avec son armée; d'un autre, Constantin avec son armée; d'un autre enfin, Charlemagne avec ses armées innombrables. Arnold de Beaulande fond le premier sur les païens avec ses hommes d'armes, il les culbute, il les écrase à droite et à gauche et arrive à Aigoland qui est au milieu des siens, et d'un coup formidable de sa large épée il le tue. Une clameur immense s'élève de toutes parts, les Chrétiens se jettent de tous côtés sur les Sarrasins et les exterminent tous.

Le massacre des païens est tel que pas un n'échappe, si ce n'est le Roi de Sebile et l'Aumacour de Cordoue, qui s'enfuient avec une petite compagnie de Sarrasins. Le carnage est si grand que les vainqueurs ont les pieds baignés dans le sang.

Tous les Sarrasins qui sont trouvés dans la ville sont mis à mort.

C'est pour la foi chrétienne que Charlemagne combattit ainsi Aigoland et le fit périr, pour la foi chrétienne, excellente au-dessus des Religions et des Lois du monde entier.

Avis. O Chrétien! si la foi remplit ton cœur et tes œuvres, tu surpasseras véritablement les Anges, et tu t'élèveras avec ton Chef Jésus-Christ, dont tu es membre. Si tu veux monter jusque-là, crois fermement, car tout est possible à celui qui croit, dit le Seigneur.

Charlemagne, après avoir rassemblé ses armées, se réjouit de ce grand triomphe, puis s'avance jusqu'au pont d'Arge, au chemin de Saint-Jacques, où il prend ses logements.

CHAPITRE XV

Quelques Chrétiens reviennent chercher un butin illicite.

Quelques Chrétiens, convoitant les richesses des païens restés sur le champ de bataille, y reviennent dans la nuit même et à l'insu de Charlemagne; et quand ils sont bien chargés d'or, d'argent et de toutes sortes de richesses, ils se mettent en route pour rentrer auprès de l'Empereur. Mais l'Aumaçour de Cordoue, caché dans les montagnes avec les autres Sarrasins qui se sont enfuis du champ de bataille, les massacre tous, et il n'en demeure pas un. Or ils étaient au nombre de mille environ.

Avis. Ces hommes sont l'image de ceux qui, après

avoir combattu contre leurs péchés, retournent à leurs vices. Après que ces guerriers eurent vaincu leurs ennemis, la cupidité les ramena auprès des morts, et leurs ennemis les anéantirent. Le fidèle qui a vaincu ses vices et a fait pénitence, ne doit pas retourner auprès des morts, c'est-à-dire auprès de ses vices, de peur d'être massacré par les ennemis, c'est-à-dire par les Démons. Et comme ces guerriers qui, pour être allés chercher des dépouilles étrangères, perdirent la vie et périrent d'une mort honteuse, ainsi les Religieux qui, après avoir dit adieu au siècle, se retournent plus tard vers les affaires d'ici-bas, perdent la vie du Ciel et embrassent une mort éternelle.

CHAPITRE XVI

Bataille contre Fourre.

Le lendemain on annonce à Charlemagne qu'il y a au mont Garzim un Prince des Navarrois, nommé Fourre, qui veut combattre contre lui. Charles va au mont Garzim, et Fourre se dispose à lui donner bataille le jour suivant. Charles, le soir avant la bataille, prie le Seigneur de lui faire reconnaître par un signe ceux des siens qui doivent périr dans cette journée.

Le lendemain la Croix du Seigneur paraît comme un signe de feu sur les épaules de ceux qui doivent mourir, c'est-à-dire sur leurs cuirasses. Ce que voyant Charles, il les enferme aussitôt dans son oratoire pour les soustraire à la mort. Mais que les jugements de Dieu sont incompréhensibles et que ses voies sont impénétrables! Que dirais-je de plus? Après la bataille où Fourre périt avec trois mille Navarrois et Sarrasins, Charlemagne trouva morts ceux qu'il avait cru garder de tout péril. Ils étaient cent cinquante.

O très-sainte armée des combattants de Jésus-Christ, encore que le glaive des païens n'ait pas procuré la palme à ces guerriers, ils n'ont pas pour cela perdu la gloire du martyre!

Après cette victoire, Charlemagne s'empare du château et des montagnes de Garzim et de tout le pays des Navarrois.

CHAPITRE XVII

Le grand combat de Roland contre le géant Ferragus.

On annonça d'abord à Charlemagne qu'il y avait auprès de la ville de Najera (1) un géant nommé Fer-

---

(1) Sur la rive gauche de la Najerilla, dans la province de Logroño.

ragus, pareil à Goliath, et venu de la Syrie, envoyé par l'Émir de Babylone avec vingt mille Turcs pour faire la guerre à l'Empereur. Il ne craignait lances ni flèches, et il avait à lui seul la force de quarante hommes robustes.

L'Empereur part en toute hâte pour Najera. Dès que Ferragus apprend que Charlemagne arrive, il sort de la ville et demande un combat singulier, c'est-à-dire d'un homme contre un homme. Charles lui envoie d'abord Ogier le Danois. Dès que le géant voit celui-ci seul au milieu du champ, il va doucement à lui, le prend tout armé sous son bras droit, et, sous les yeux de tous, l'emporte tranquillement dans son fort, comme une innocente brebis (1). Il est si grand qu'il a douze coudées de long (2), sa face est d'une coudée (3), son nez mesure un palme (4), ses cuisses et ses bras chacun quatre coudées (5), et ses doigts trois palmes (6).

Charlemagne envoie Renauld de l'Aubespine combattre le géant, qui d'un seul bras emporte ce nouvel adversaire dans la prison de la ville. Pour remplacer

---

(1) «Quasi esset una mitissima ovis.»
(2) Cinq mètres soixante-seize centimètres.
(3) Quarante-huit centimètres.
(4) Près de sept centimètres et demi.
(5) Deux mètres quarante centimètres.
(6) Un peu plus de vingt-deux centimètres.

Renauld, Charlemagne envoie Constantin, Roi de Rome, et le comte Oëllus : le géant les prend en même temps sous ses deux bras et les enferme dans la prison. Vingt chevaliers sont envoyés contre lui : il les prend ainsi deux à deux et les enferme pareillement dans la prison. L'armée tout entière est émerveillée de la force du géant, et Charlemagne n'ose plus envoyer personne le combattre.

Roland demande au Roi la permission d'attaquer Ferragus. A peine Charles la lui a-t-il accordée, que le géant voit Roland en face lui. De la main droite il saisit cet audacieux, le place devant lui sur son cheval et va l'enfermer à son tour dans la prison. Mais Roland, rassemblant ses forces et se confiant au Seigneur, saisit le géant par le menton, lui retourne la tête en arrière et ils tombent ensemble de cheval et roulent sur le sol. Ils se relèvent en même temps et sautent sur leurs chevaux. Roland a tiré sa large épée : il la brandit, croyant tuer le géant, et il lui tranche son cheval par le milieu du corps. Ferragus, mis à pied, s'avance, l'épée nue à la main, contre Roland, en lui jetant les plus terribles menaces. Roland frappe le bras droit de Ferragus. La blessure du géant est légère, mais son épée lui a échappé. Dans sa colère, il veut écraser Roland d'un coup de son poing fermé, il n'atteint que le cheval qui est tué. Les deux ennemis sont à pied, sans armes; ils combattent à coups de

poing et à coups de pierres jusqu'à la neuvième heure.
Mais, le soir venu, Ferragus demande une trêve à
Roland jusqu'au lendemain. Et après qu'il est convenu que le lendemain ils reprendront le combat sans
chevaux et sans lances, ils se séparent, et chacun retourne au milieu des siens.

Le lendemain, au point du jour, les deux combattants arrivent à pied sur le champ de bataille, comme
il a été convenu. Cependant Ferragus a pris une épée;
mais elle ne lui sert de rien, car Roland porte un
grand bâton plein de nœuds, dont il frappe le géant
tout le jour, sans le blesser grièvement. Il le frappe
encore de grandes pierres rondes dont le champ du
combat est abondamment pourvu ; mais ces pierres
n'entament point le géant. A midi, celui-ci tombant
de sommeil, demande une trêve à Roland et se met à
dormir. Roland, qui est jeune et dispos, lui place une
pierre sous la tête pour qu'il dorme plus à l'aise. Ni
Roland ni aucun Chrétien n'aurait osé l'occire dans
cet état. Tel était en effet le caractère de leurs rapports, que si un Chrétien accordait une trêve à un
Sarrasin, ou un Sarrasin à un Chrétien, Il ne devait lui faire aucun mal, et si l'un d'eux rompait la
trêve avant le temps, il était sur-le-champ mis à
mort.

Ferragus, ayant assez dormi, s'éveille. Roland
s'assied à côté du géant et lui demande comment il

est si fort et si dur qu'il n'ait à craindre ni glaive, ni pierre, ni bâton. « Toutes les parties de mon corps « sont invulnérables, hors le nombril, » répond Ferragus en espagnol, langue que Roland comprend assez bien.

Le géant considère Roland, et l'interrogeant à son tour, lui demande : « Comment t'appelles-tu ? — « Je m'appelle Roland. — De quelle race es-tu donc, « toi qui me livres un si rude combat? — Je des- « cends des Francs. — Et quelle est la Loi de la « France ? — C'est, par la grâce de Dieu, la Loi « chrétienne; nous sommes soumis aux commande- « ments de Jésus-Christ, et nous combattons de toutes « nos forces pour la foi chrétienne. » Quand il entend le nom de Notre-Seigneur, le païen demande : « Quel « est ce Jésus-Christ qui a ta foi? — C'est le Fils de « Dieu le Père, répond Roland : il est né d'une Vierge, « il a souffert sur la Croix, il a été mis au tombeau, « il est revenu des enfers, il est ressuscité le troisième « jour, il est remonté aux Cieux, où il est assis à la « droite de Dieu le Père. — Pour nous, lui dit Fer- « ragus, nous croyons qu'il y a un seul Dieu, Créa- « teur du Ciel et de la terre, qui n'a ni père ni fils, « qui, n'étant engendré de personne, n'a engendré « personne. C'est donc un seul Dieu, ce n'est pas « trois Dieux. — Tu dis vrai, repart Roland, quand « tu dis que c'est un seul Dieu; mais ta croyance gau-

« chit (1) quand tu dis qu'il n'est pas triple. Si tu
« crois au Père, crois à son Fils et au Saint-Esprit.
« Car Dieu est Père, Fils et Saint-Esprit, et il reste
« un seul Dieu en trois personnes. — Si tu dis, ré-
« plique Ferragus, qu'il y a un Dieu Père, un Dieu
« Fils et un Dieu Saint-Esprit, il y a donc trois Dieux,
« ce qui est absurde, et non un seul Dieu. — Pas du
« tout, dit Roland, je t'annonce le Dieu triple et un :
« il est un, et il est triple. Les trois personnes sont
« coéternelles et coégales entre elles. Tel le Père,
« tel le Fils, tel le Saint-Esprit. Dans les personnes
« est la propriété, dans l'essence l'unité, dans la ma-
« jesté l'égalité que nous adorons. Les Anges adorent
« au Ciel le Dieu triple et un. Abraham vit les trois
« personnes et adora le Dieu unique. — Montre-moi,
« demande le géant, comment trois ne font qu'un.—
« Je vais te le montrer en effet, dit Roland, dans les
« ouvrages de l'homme. Il y a dans la cithare, quand
« elle résonne, trois choses, l'art, les cordes et la
« main, et il n'y a qu'une cithare : ainsi sont-ils trois
« en Dieu, le Père, le Fils et le Saint-Esprit, et il
« n'y a qu'un seul Dieu. Dans une amande il y a trois
« choses, la coquille, l'épisperme et la graine, et il
« n'y a cependant qu'une amande : il y a de même
« trois personnes en Dieu, et il n'y a qu'un seul Dieu.

(1) « In fide claudicas. »

« Il y a dans le soleil trois choses, la candeur, la
« splendeur et la chaleur, et cependant il n'y a qu'un
« seul soleil. Il y a dans la roue d'un chariot trois
« choses, le moyeu, les rayons et les gentes, et ce-
« pendant il n'y a qu'une seule roue. En toi-même
« il y a trois choses, le corps, les membres et l'âme,
« et cependant tu n'es qu'un seul homme. On nous
« enseigne que l'unité subsiste ainsi en Dieu avec la
« trinité. — Je conçois maintenant, dit Ferragus,
« que Dieu soit triple et un ; mais je ne vois pas com-
« ment le Père aurait engendré le Fils. — Crois-tu,
« demande Roland, que Dieu a créé Adam? — Je le
« crois, répond Ferragus. — De même qu'Adam, qui
« n'a été engendré de personne, engendra cependant
« des fils, ainsi Dieu le Père, qui n'est engendré de
« personne, engendra cependant de lui-même son
« Fils, avant tous les temps, et suivant sa volonté,
« d'une manière divine que la parole humaine ne
« pourrait exprimer. — Ce que tu dis me plaît, inter-
« rompt le géant; mais je ne vois pas du tout com-
« ment Celui qui était Dieu s'est fait homme. —
« Celui qui a créé de rien le Ciel et la terre et toutes
« choses a fait prendre à son Fils la nature humaine
« dans le sein d'une Vierge et sans le concours d'un
« homme, mais par la puissance de son souffle sacré.
« — Voilà, dit le géant, ce que j'ai peine à com-
« prendre, comment, sans le concours d'un homme,

« ainsi que tu l'affirmes, il a pu naître du sein d'une
« Vierge. — Dieu, lui répond Roland, Dieu qui a
« formé Adam en dehors de toute génération humaine,
« a fait, sans le concours d'un homme, naître son
« Fils d'une Vierge. Et comme le Fils est né de Dieu
« son Père sans avoir de mère, il est né ici-bas de
« sa mère sans avoir de père mortel. C'est la nais-
« sance qui convient à un Dieu. — Mon admiration
« est grande, dit le géant, de voir qu'une Vierge ait
« enfanté sans avoir connu d'homme. — Celui, ré-
« pond Roland, qui du grain de blé tire le charançon,
« qui fait naître l'insecte de l'arbre et l'y fait croître,
« qui multiplie les poissons, et les vautours, et les
« abeilles, et les serpents, sans semence de mâle, a
« fait, sans concours d'homme, naître l'Homme-Dieu
« d'une Vierge intègre. Celui qui a formé, comme je
« te l'ai dit, sans semence de mâle, le premier homme,
« a pu facilement faire naître l'Homme-Dieu d'une
« Vierge sans rapports avec un homme. — Il peut
« bien en effet, dit Ferragus, être né d'une Vierge :
« mais s'il était le Fils de Dieu, il n'a pas pu, comme
« tu l'affirmes, mourir sur la Croix. Il a bien pu
« naître comme tu dis ; mais, s'il était Dieu, il n'a
« pas pu mourir, car Dieu ne peut pas mourir. —
« Tu dis bien, répond Roland, qu'il a pu naître d'une
« Vierge, et qu'il a pu naître en tant qu'homme.
« Mais, s'il est né en tant qu'homme, il est donc mort

« en tant qu'homme; car quiconque naît doit mourir. S'il faut croire à la Nativité, il faut croire aussi à la Passion, et aussi à la Résurrection. — Comment peut-on croire, demande Ferragus, à la Résurrection ? — Qui naît comme homme doit mourir, reprend Roland. Et qui, étant Dieu, subit la mort infligée à l'humanité, ressuscite par la puissance de sa divinité. »

Ce discours remplit d'admiration Ferragus, qui cependant demande à Roland : « Pourquoi me dis-tu ces paroles qui n'ont pas de sens ? car il est impossible qu'un homme mort revienne à la vie. — Non-seulement, répond Roland, le Fils de Dieu est ressuscité d'entre les morts, mais tous les hommes qui furent depuis le commencement, et tous ceux qui seront jusqu'à la fin des temps, doivent ressusciter pour comparaître devant son tribunal et recevoir la récompense de leurs vertus ou le châtiment de leurs crimes. Car le Dieu qui fait croître si haut un petit arbre et qui fait revivre, croître et fructifier le grain de froment mort et pourri en terre, fera, au dernier jour, revenir tous les hommes de mort à vie dans leur propre chair et dans leur propre esprit. Vois la puissance mystérieuse du lion. Si le troisième jour il rend par son souffle la vie à ses lionceaux, dois-tu t'étonner qu'au troisième jour Dieu le Père ressuscite son Fils d'entre les morts ? Ce ne peut pas être pour toi une

« incroyable nouveauté, que le retour du Fils de Dieu
« à la vie, puisque tant de morts avant lui étaient
« ressuscités. Si Élie et Élisée ont sans effort ressus-
« cité les morts, Dieu le Père a ressuscité encore plus
« facilement son Fils. Il est facilement ressuscité
« d'entre les morts, la mort n'a pu d'aucune manière
« le retenir, Celui devant qui fuyait la mort, Celui
« à la voix de qui la troupe des morts revenait à la
« vie. »

« — Je vois assez ce que tu dis, réplique le géant.
« Mais comment est-il monté aux Cieux, ainsi que tu le
« racontes ? Voilà ce que je ne comprends pas. —
« Celui qui est descendu des Cieux, répond Roland, a
« pu aisément y remonter. Celui qui est ressuscité
« par sa propre puissance et sans effort, est facile-
« ment remonté aux Cieux. Vois l'exemple de tant de
« choses : vois la roue du moulin qui descend d'amont
« en aval et qui remonte d'aval en amont ; vois l'oi-
« seau qui vole dans les airs et qui tantôt s'abaisse
« vers la terre et tantôt s'élève vers les nuages. Toi-
« même, si tu es descendu de la montagne, tu peux
« bien, revenant en arrière, remonter au point d'où tu
« es descendu. Hier le soleil s'est levé à l'orient et
« s'est couché à l'occident, et aujourd'hui il s'est en-
« core levé du même côté. Le Fils de Dieu peut donc
« remonter aux Cieux d'où il est descendu. »

« — Faisons ce pacte en recommençant le combat,

« dit Ferragus : Si ta foi est vraie, que je sois vaincu ;
« mais si elle est mensongère, que ce soit toi qui suc-
« combes. Que la nation vaincue soit couverte d'un
« opprobre sans fin ; louange et gloire à jamais à la
« nation victorieuse. — Qu'il soit ainsi convenu, » répond Roland.

Sur cette parole, la trêve a cessé, on reprend la guerre des deux côtés, et Roland se jette aussitôt sur le païen. Ferragus lance à Roland un coup de sa large épée ; mais Roland se jette à gauche, l'épée tombe sur son bâton, qu'elle partage en deux. Le géant se précipite sur son adversaire, le saisit comme une proie qui ne pèse rien et le terrasse sous lui. Roland voit qu'il ne peut échapper à l'ennemi qui le tient, il implore le secours de la Bienheureuse Vierge Marie, et, avec l'aide de Dieu, il se soulève peu à peu, il fait tourner sous lui le géant, il avance la main, saisit son épée, en frappe légèrement Ferragus au nombril et se tire de son étreinte.

Le géant commence à invoquer à haute voix son Dieu : « Mahomet, Mahomet, toi qui es mon Dieu, se-
« cours-moi, car voilà que je meurs. » Les Sarrasins accourent à ses cris, l'enlèvent de terre et l'emportent dans leurs bras vers la forteresse.

Roland revient sain et sauf vers les siens, et aussitôt les Chrétiens se précipitent et entrent de force dans la ville avec les Sarrasins qui portent Ferragus.

Le géant ainsi tué, la ville et la forteresse tombent au pouvoir des Chrétiens, et les prisonniers sont délivrés.

CHAPITRE XVIII

La Bataille des Spectres.

Peu de temps après, on vient rapporter à notre Empereur qu'Ébraïm, Roi de Séville, et l'Aumacour, qui se sont enfuis tous deux à la bataille de Pampelune, l'attendent pour se battre auprès de Cordoue, et qu'ils ont reçu le renfort des gens de guerre de sept villes, savoir, Grenade, Satine, Ubède, Dema, Séville, Abule, Baëcie. Charles se dispose aussitôt à les combattre.

Comme il approche de Cordoue avec ses armées, l'Aumacour et le Roi de Séville sortent en armes avec leurs troupes et s'avancent à la distance de trois milles de la ville. Les Sarrasins sont au nombre de dix mille environ, et les nôtres de six mille. Charles dispose ses forces en trois bataillons, le premier composé des guerriers les plus éprouvés, le second d'hommes à pied, le dernier de cavaliers. Les Sarrasins font semblablement.

Sur l'ordre de Charles, notre premier bataillon marche contre le premier bataillon des païens; mais des hommes à pied viennent se placer en face de nos chevaux, un homme devant chaque cheval. Ils ont des masques avec des barbes et des cornes qui les font ressembler à des Démons. Ils tiennent tous des tambours phrygiens qu'ils frappent de toutes leurs forces. A peine les chevaux ont-ils entendu ce bruit et les cris de ces hommes, et vu ces horribles spectres, qu'épouvantés, éperdus, ils fuient, et leurs cavaliers ne les peuvent retenir. Et la fuite du premier bataillon entraîne la fuite des deux autres.

Les Sarrasins se réjouissent du succès de leur stratagème et ne nous poursuivent que lentement. Nos troupes arrivent à une montagne distante de la ville d'à peu près deux milles. Là, nos hommes se rallient, se massent et se préparent à recommencer le combat. Ce que voyant les Sarrasins, ils font un mouvement en arrière. Nous en profitons pour dresser nos tentes et demeurer là jusqu'au lendemain. Le matin venu, Charles tient conseil avec ses chevaliers. On décide que tous les cavaliers couvriront de toile ou de drap la tête de leurs chevaux pour leur ôter la vue des masques de ces réprouvés. On bouche de même leurs oreilles pour les empêcher d'entendre le bruit des tambours. Ces ingénieuses précautions rendent aux nôtres leur confiance, et ils retournent au combat, sans se soucier beaucoup de la malice des mécréants.

Les Chrétiens combattent sans se lasser, depuis le matin jusqu'à l'heure du midi. Ils font périr un grand nombre de païens, mais ils ne réussissent pas cependant à les exterminer tous. Les Sarrasins se tiennent fermement en ordre de bataille : ils gardent au milieu d'eux un chariot traîné par huit bœufs, sur lequel flotte un étendard rouge, et personne ne doit fuir le champ de bataille tant qu'il peut voir l'étendard qui s'élève au-dessus de tous les rangs. Charlemagne, qui sait cela, s'avance protégé par sa cuirasse, par son casque, par son invincible épée, couvert surtout de la vertu de Notre-Seigneur ; il se jette au milieu des rangs des mécréants, il les bouscule à droite et à gauche et arrive au chariot. D'un coup de son épée il coupe la hampe qui soutenait l'étendard. Aussitôt les Sarrasins commencent à fuir de tous côtés. Les cris viennent ajouter à la confusion de la déroute ; huit mille Sarrasins perdent la vie ; parmi eux, le Roi de Séville est tué.

L'Aumacour s'enferme dans la ville avec deux mille Sarrasins et s'y fortifie. Mais le lendemain il voit bien qu'il est vaincu, il rend la ville à notre Empereur et fait avec lui un traité par lequel il s'engage à recevoir le Baptême, il reconnaît la suzeraineté de Charlemagne et tiendra désormais la ville de lui.

16

Cela fait, Charles distribue les terres et les provinces d'Espagne à ses chevaliers et à ses guerriers qui veulent y demeurer. Il donne aux Bretons le pays des Navarrois et des Basques, aux Francs le pays des Catalans. Il donne à ceux venus de Grèce et d'Apulie pour combattre dans nos armées, le pays de Najera et de Saragosse. Il donne aux Picards le pays d'Aragon, aux Teutons le pays d'Alandalophe au bord de la mer, aux Daces et aux Flamands le pays des Portugais. La Galice est une âpre contrée que les Francs ne veulent pas habiter.

Il n'est plus maintenant en Espagne personne qui ose lutter contre Charlemagne.

CHAPITRE XIX

Conseil assemblé par Charlemagne. — Sa visite au tombeau de monseigneur saint Jacques.

Après avoir congédié la plus grande partie de ses armées, Charles s'achemine vers le tombeau de saint Jacques. Il confirme dans leur foi tous les Chrétiens qu'il trouve en ce pays. Mais ceux qui sont revenus à la malice des Sarrasins, il les fait périr par le glaive où il les exile en France. Il établit des Évêques et des prêtres dans les villes, il assemble à Compostelle un conseil d'Évêques et de Barons, et il institue, en l'honneur du Bienheureux saint Jacques, la suprématie du siége de Compostelle sur tous les Évêques, Princes et Rois chrétiens d'Espagne aussi bien que de Galice, ceux d'à présent et ceux des temps futurs, qui devront l'obéissance à l'Évêque du siége de saint Jacques. Il n'établit point d'Évêque à Hyrie, ne la tenant pas pour une ville, et il la place sous l'autorité du siége de Compostelle.

Dans la même assemblée, moi Turpin, Archevêque de Reims, assisté de quarante Évêques, j'ai, à la prière de Charlemagne, consacré solennellement la basilique et l'autel du Bienheureux saint Jacques aux calendes de juin. Le Roi soumit à cette église tout le pays d'Espagne et de Galice ; et, pour son douaire, il ordonna que tout chef de maison en Espagne et en Galice lui payât annuellement quatre deniers, voulant que chacun, après avoir payé cette taxe d'ordre royal, fût quitte de tout servage.

Il établit en ce même jour que cette église aura désormais le titre de siége apostolique, en l'honneur de l'Apôtre saint Jacques dont le corps y repose. Il établit encore que les assemblées des Évêques d'Espagne s'y tiendront habituellement, que les crosses épiscopales, que les couronnes royales y seront données (1) par la main de l'Évêque de Compostelle, en l'honneur de monseigneur l'Apôtre saint Jacques. Et si les péchés des hommes font que la foi vienne à défaillir dans les autres villes, que les commandements du Seigneur n'y soient plus connus, c'est le siége de Compostelle qui réconciliera ces villes avec Dieu.

Il est juste que cette réconciliation et le maintien de la foi soient attribués à cette église vénérable : comme en Orient le centre de la foi et le siége apostolique sont établis à Éphèse, en l'honneur du Bienheureux saint Jean l'Évangéliste, frère du Bienheureux saint Jacques ; ainsi, en Occident, le centre de la foi et le siége apostolique appartiennent à la Galice par le Bienheureux saint Jacques. Il ne faut point douter que ces deux siéges, celui d'Éphèse à droite, celui de Compostelle à gauche, soient les deux siéges accordés aux deux frères, fils de Zébédée, dans le partage des contrées de la terre, après qu'ils avaient eux-mêmes demandé au Seigneur d'être assis dans son royaume, l'un à sa droite et l'autre à sa gauche. Il y a dans l'univers trois principaux siéges apostoliques que la Chrétienté vénère à bon droit par-dessus tous les autres, celui de Rome, celui de Compostelle et celui d'Éphèse. Il y a en effet, comme on le voit dans

---

(1) C'est-à-dire que le sacre des Évêques et le sacre des Rois se fera dans cette basilique.

les Évangiles, trois Apôtres, Pierre, Jacques et Jean, à qui Notre-Seigneur a révélé ses secrets plus qu'à tous les autres Apôtres. C'est lui-même qui a établi par eux ces trois siéges vénérables au-dessus de tous les siéges de l'univers. Là est le fondement sacré de leur suprématie. Comme ces trois Apôtres étaient, par la dignité dont les avait revêtus la grâce de Dieu, au-dessus des autres Apôtres, ainsi ces lieux sacro-saints où ils ont prêché l'Évangile, où ils sont ensevelis, surpassent justement en dignité les siéges de tout l'univers. C'est justement que Rome est le premier siége apostolique, puisque le Prince des Apôtres l'a consacré par sa prédication, par son sang et par son tombeau. C'est justement aussi que Compostelle est le second siége apostolique, puisque le Bienheureux saint Jacques, qui, entre tous les Apôtres, vient après saint Pierre pour la dignité, pour l'honneur et pour la vertu, et qui a la primauté dans le Ciel, ayant reçu le premier la couronne du martyre, fortifia jadis Compostelle par sa prédication, puisque son saint tombeau l'a consacrée, puisqu'il la fait resplendir encore de la gloire de ses miracles, puisqu'il ne cesse pas de l'enrichir de ses continuels bienfaits. C'est justement que le siége d'Éphèse est considéré comme le troisième, puisque le Bienheureux saint Jean l'Évangéliste y a promulgné son Évangile (c'est-à-dire *Au commencement était le Verbe*), puisqu'il y a réuni l'assemblée des Évêques qu'il avait établis dans les villes et que dans son Apocalypse il appelle les Anges des Églises (1), puisqu'il a consacré la ville d'Éphèse par sa prédication, par ses miracles, par la basilique qu'il y a élevée, enfin par son tombeau. Si donc il y a dans les autres siéges de l'univers des affaires ou divines ou humaines qui ne se peuvent terminer sans difficulté, elles doivent légitimement être traitées et résolues dans ces trois siéges.

C'est ainsi que la Galice, convoitée dès les premiers temps par les Sarrasins, est, par la grâce de Dieu, l'intercession du Bienheureux saint Jacques et par le secours de Charlemagne, demeurée jusqu'à ce jour irréprochable dans la foi et dans l'orthodoxie.

(1) « Septem Stellæ, Angeli sunt septem Ecclesiarum.....
« Angelo Ephesi Ecclesiæ scribe.....
« Angelo Smyrnæ Ecclesiæ scribe.....
« Angelo Pergami Ecclesiæ scribe.....
« Angelo Thyatiræ Ecclesiæ scribe.....
« Angelo Ecclesiæ Sardis scribe...
« Angelo Philadelphiæ Ecclesiæ scribe, etc. »
(Apoc., I, 20; II, 1, 8, 12, 18; III, 1, 7.)

CHAPITRE XX

La personne de Charlemagne. — Sa vigueur.

Le Roi Charlemagne avait les cheveux bruns, le teint coloré, le corps noble et gracieux, le regard fier. Sa stature était de huit pieds (à la mesure de son pied, qui était très-long). Il avait les reins très-larges, il était gros des bras et des cuisses, très-fort de toutes les articulations. Il était à la fois très-savant dans l'art de la guerre et combattant plein d'ardeur. Sa face avait un palme et demi de long, sa barbe un palme, son nez environ un demi-palme, son front avait un pied. Ses yeux de lion brillaient comme des escarboucles. Les sourcils de ses yeux avaient un demi-palme. Qui le regardait courroucé, les yeux dilatés par la colère, se sentait aussitôt glacé d'effroi. Le ceinturon dont il ceignait son corps avait huit palmes de long, sans compter ce qui pendait.

Il mangeait peu de pain, mais il mangeait un quartier de mouton, ou deux poules, ou une oie, ou une épaule de porc, ou un paon, ou une grue, ou un lièvre entier. Il buvait un peu de vin, et usait de l'eau sobrement.

Il était d'une si grande vigueur, que d'un seul coup de son épée il tranchait, du sommet de la tête jusqu'à la base du corps, un homme armé, assis sur son cheval, et le cheval avec l'homme. Il étendait sans effort quatre fers à cheval ensemble. Il élevait légèrement de terre jusqu'à sa tête un chevalier en armes, tout droit sur la paume de sa main.

Dans ses dons il était très-généreux, très-droit dans ses jugements, très-clair dans ses discours. En Espagne, il tenait fête plénière principalement à quatre solennités dans le cours de l'année, savoir : au jour de la Nativité de Notre-Seigneur, au jour de Pâques, au jour de la Pentecôte et au jour de saint Jacques. Il avait sa couronne royale en tête et son sceptre à la main, et on portait devant son trône son épée nue, suivant la coutume impériale.

Chaque nuit cent vingt hommes fidèles se tenaient assidûment autour de son lit pour le garder, dont quarante pendant la première vigile de la nuit, savoir : dix à la tête, dix aux pieds, dix à droite et dix à gauche, tous l'épée nue dans la main droite et dans la main gauche un cierge ardent. Quarante autres faisaient de même la seconde vigile, et quarante la troisième vigile jusqu'au jour, tandis que tout dormait.

Si le récit des grandes actions de Charlemagne charme ceux qui l'entendent, c'est pour moi un grand travail et une lourde entreprise de le faire. Comment raconter l'exil de Galafre, l'Émir de Colet, et le meilleur traitement que lui fit ensuite Charlemagne, la mort de Braimante, le Roi des Sarrasins et l'ennemi de Galafre, et tant de terres et tant de villes conquises et soumises à la sainte Trinité, tant d'abbayes et d'églises fondées, enrichies des corps et des reliques d'une multitude de Saints, enfermées dans des reliquaires d'or et d'argent, et les hauts faits à la suite desquels Charlemagne devint Empereur de Rome, et sa visite au tombeau du Seigneur, et le bois de la Croix qu'il rapporta pour en doter tant d'églises! Ma main et ma plume se lasseraient à raconter ce que Charlemagne a fait sans lassitude.

Il faut me borner à rapporter brièvement comment, après la délivrance du pays de Galice, Charles revint d'Espagne.

CHAPITRE XXI

Trahison de Ganelon. — Bataille de Roncevaux. — Martyre des chevaliers de Charlemagne.

Après que le très-illustre Empereur Charlemagne eut conquis en ces jours-là toute l'Espagne, pour la gloire de Dieu et de l'Apôtre saint Jacques, il reprit le chemin de la France et vint avec son armée loger à Pampelune. Il y avait alors à Saragosse deux Rois Sarrasins, Marsille et son frère Baligant, que l'Emir de Babylone avait envoyés de Perse en Espagne. Ils acceptaient la domination de Charlemagne et le servaient volontiers en toutes choses; mais leur dévouement n'était qu'une feinte.

Charles leur ayant mandé par Ganelon qu'ils eussent à recevoir le Baptême ou à lui payer un tribut, ils lui envoyèrent trente chevaux chargés d'or, d'argent et de toutes sortes de richesses, quarante autres chevaux chargés du vin le plus pur et le plus doux, à faire boire aux chevaliers, et mille femmes Sarrasines des plus belles. Les perfides offrirent en même temps à Ganelon, pour qu'il leur livrât les chevaliers de Charlemagne, vingt chevaux chargés d'or et d'argent et d'étoffes de soie. Ganelon consentit à ce qu'on lui demandait et accepta ces richesses.

Ce pacte infâme de trahison étant ainsi conclu, Ganelon revient auprès de Charlemagne, lui remet les présents offerts par les Rois Sarrasins et lui dit que Marsille veut être Chrétien, qu'il se prépare à venir trouver Charles en France pour y recevoir le Baptême et tenir désormais de notre Empereur tout le pays d'Espagne. Les principaux de l'armée n'acceptent que le vin et refusent les femmes, qui sont aussitôt prises par les soldats.

Charlemagne, plein de confiance dans la parole de Ganelon, s'apprête à passer les défilés de Cisaire pour rentrer en France.

Sur le conseil de Ganelon, il ordonne à ses plus chers, à son neveu Roland, comte du Mans et de Blaives (1), et à Olivier, comte des Cévennes, de demeurer en arrière-garde à Roncevaux avec ses principaux chevaliers et vingt mille Chrétiens, pour protéger son passage et celui de ses armées à travers les défilés de Cisaire. Ce qui a lieu.

Cependant quelques-uns, dans les nuits précédentes, se sont enivrés du vin des Sarrasins et ont péché avec des femmes païennes et aussi avec des chrétiennes, car beaucoup de guerriers ont amené avec eux en Espagne des femmes de France. La mort a été le châtiment de leur péché.

Que dirais-je de plus? Tandis que Charles passe les défilés avec Turpin et Ganelon et vingt mille Chrétiens, et que Roland, Olivier et les autres restent en arrière-garde, Marsille et Baligant, accompagnés de cinquante mille Sarrasins, sortent, au grand matin, des forêts et des montagnes où, par le conseil de Ganelon, ils se sont tenus cachés deux jours et deux nuits. Les Rois Sarrasins font de leurs hommes deux troupes. L'une, qui est de vingt mille, vient soudain

---

(1) Port-Louis, en Bretagne.

assaillir et frapper les nôtres par derrière. Les Chrétiens se retournent et tombent sur les Sarrasins. Le combat dure depuis le matin jusqu'à la troisième heure. Tous les Sarrasins sont occis, et pas un seul des vingt mille n'échappe à la mort.

L'autre troupe, formée de trente mille païens, se présente aussitôt contre les nôtres déjà fatigués et harassés du combat qui vient de finir. Ils se jettent sur tous les Chrétiens, depuis le chef jusqu'au moindre guerrier. Pas un des trente mille Chrétiens n'échappe à leurs coups : les uns sont traversés par les lances, d'autres tués à coups de perche, d'autres décollés par l'épée, d'autres tranchés par la hache, d'autres percés de flèches et de javelots, d'autres écorchés vivants avec des couteaux, d'autres dévorés par le feu, d'autres pendus aux branches des arbres. Tous les guerriers chrétiens sont tués, excepté Roland, Beaudouin, Turpin, Thierry et Ganelon. Beaudouin et Thierry se perdent dans les bois et réussissent à s'échapper.

Les Sarrasins se retirent à une lieue en arrière.

Avis. Si on demande ici pourquoi Dieu permit la mort de ceux qui avaient le moins péché avec les femmes, c'est qu'il ne voulut pas qu'ils revinssent dans leur patrie, de peur qu'ils y commissent de plus grands péchés. Il voulut, pour prix de leurs travaux, leur faire obtenir par le martyre la couronne du royaume des Cieux. Mais ceux qui avaient péché avec les femmes, il permit leur mort pour effacer leur péché par le martyre. Car il ne faut pas croire que Dieu si clément n'ait voulu récompenser les anciens labeurs de ceux qui sont morts en invoquant son nom et en confessant leurs péchés : encore qu'ils aient succombé à la séduction des femmes, ils ont, à l'heure de la mort, été sauvés par la puissance du nom de Jésus-Christ.

Que ceux qui vont à la guerre apprennent par là qu'il leur est funeste d'emmener des femmes avec eux. Certains Princes de la terre, Darius, par exemple, et Antoine, furent jadis à la guerre avec un cortége de femmes, et tous deux y trouvèrent leur perte : Darius fut défait par Alexandre, et Antoine par Octave-Auguste. Il n'est donc ni décent ni prudent d'emmener des femmes dans les camps. Puisqu'il faut que la volupté soit retranchée de la vie des camps, que l'âme et le corps en même temps trouvent obstacle à la satisfaire.

Ceux qui sont tombés dans l'ivresse et dans le péché représentent les prêtres et les Religieux combattant contre les vices. Il leur est défendu de s'enivrer et de se souiller avec les femmes : qu'ils sachent bien que, si cependant ils le font, ils succomberont devant leurs ennemis, c'est-à-dire devant les Démons, et ils seront punis de mort, de la mort éternelle.

CHAPITRE XXII

Douleur de Roland. — Mort de Marsille. — Fuite de Baligant.

Le combat fini, comme Roland revient seul, cherchant où peuvent s'être retirés les païens (ils sont loin), il trouve un Sarrasin tout noir, épuisé par le combat et qui se cache dans le bois. Il le prend, et tout vivant l'attache fortement à un arbre avec quatre harts tordues ensemble, puis le laisse.

Il gravit une montagne, cherche les Sarrasins et en voit une grande multitude. Il redescend dans la vallée de Roncevaux, que traversent ceux qui veulent franchir les défilés. Il fait retentir sa trompette d'ivoire. A ce son, une centaine de Chrétiens arrivent auprès de lui. Il retourne avec eux dans le bois, se rapprochant ainsi des ennemis. Il va retrouver le Sarrasin attaché à un arbre, il le débarrasse de ses liens ; puis élevant son épée nue au-dessus de la tête du païen, il lui dit : « Si tu viens avec moi et me montres Mar« sille, je te renvoie; autrement, je te fais périr. » Car Roland ne connaît pas encore Marsille. Le Sarrasin l'accompagne aussitôt, et lui montre, au milieu des bataillons sarrasins, Marsille monté sur un cheval rouge et portant un écu rond. Roland renvoie le païen, et impatient de recommencer le combat, il demande à Dieu de lui rendre ses forces, et se jette avec ses cent Chrétiens sur les Sarrasins.

Il avise un païen plus grand que les autres, et d'un coup de son épée il tranche l'homme et son cheval, du sommet jusqu'en bas, et si bien que la moitié du païen et du cheval tombe à droite et l'autre moitié à gauche. Ce que voyant les autres Sarrasins, ils se mettent à fuir de çà et de là, laissant sur le champ de bataille Marsille avec un petit nombre d'hommes. Roland, confiant dans la vertu du Seigneur, se jette au milieu des rangs des Sarrasins, les écrase à droite et à gauche; il atteint Marsille qui s'enfuit, et, par la vertu du Dieu tout-puissant, il le fait périr au milieu des Sarrasins.

Mais les cent compagnons de Roland, qu'il conduisit à ce combat, y perdent la vie, et Roland lui-même en sort gravement blessé de quatre coups de lance, percé de javelots, écrasé par les pierres que lui ont lancées les Sarrasins. Baligant, aussitôt qu'il sait la mort de Marsille, quitte ces lieux avec ses païens. Mais Thierry et Beaudouin, comme je l'ai dit, et quelques autres Chrétiens, dispersés çà et là dans les bois, s'y cachaient glacés d'effroi, d'autres passaient les défilés. Charlemagne, qui a franchi avec ses armées le sommet de la montagne, ne sait pas encore ce qui s'est accompli derrière lui.

Roland, fatigué de tant de combats, pleurant sur la mort de tant de héros, souffrant des blessures et des coups qu'il a reçus des Sarrasins, s'en va seul, à travers les bois, jusqu'aux défilés de Cisaire; et là il descend de cheval, sous un arbre, auprès d'une pierre de marbre érigée au milieu d'une prairie charmante, au-dessus de Roncevaux. Il a encore avec lui son épée, d'un si beau travail, d'un tranchant incomparable, d'une force telle que rien ne saurait la briser, d'un éclat merveilleux. Elle a nom Durandal, qui signifie que les coups en sont durs, et que le bras vient à manquer avant l'épée. Roland la tire du fourreau, il la tient dans sa main, il la contemple et lui dit d'une voix voix pleine de larmes :

« O ma noble épée, toujours resplendissante, d'une
« longueur si convenable, d'une si honnête largeur,
« d'une force si fidèle, éclatante de blancheur en ta
« garde d'ivoire, rayonnante en ta croix d'or, bril-
« lante d'or en ta lame, brillante d'or et d'aigue-ma-
« rine en ta poignée, tu portes gravé le nom du Sei-
« gneur (1), et il a communiqué sa puissance à ton
« tranchant. Qui va maintenant user de ta vertu? Qui
« va te posséder? qui te tiendra? qui t'aura en son

(1) A et Ω.

ADIEUX DE ROLAND A SON ÉPÉE

« pouvoir? Celui qui te possédera sera invincible, il sera
« inaccessible à la peur; la force et le nombre de ses
« ennemis ne sauront l'émouvoir, il verra sans effroi les
« fantômes, toujours confiant dans la vertu de Dieu et
« environné de sa puissance. Par toi les Sarrasins sont
« détruits, cette race perfide est anéantie; la Loi chré-
« tienne est exaltée, les louanges du Seigneur retentis-
« sent partout, et la gloire de Dieu grandit parmi les
« hommes. Combien de fois ai-je par toi vengé le sang
« de Notre-Seigneur Jésus-Christ! Combien de fois ai-je
« détruit les ennemis de Notre-Seigneur! Combien par
« toi ai-je tué de Sarrasins! Combien pour le triomphe
« de la foi chrétienne ai-je fait périr de Juifs et de
« traîtres! Par toi s'accomplissent les arrêts de la
« justice de Dieu. Toutes les fois que j'ai tué un Juif
« perfide ou un Sarrasin, j'ai senti que je vengeais le
« sang de Jésus-Christ. O ma bienheureuse épée, re-
« doutable entre les plus redoutables, à laquelle aucune
« autre n'a jamais ressemblé, aucune autre ne ressem-
« blera jamais! Qui t'a forgée n'a jamais pu avant ni
« depuis en forger une autre pareille. Qui de toi fut
« navré n'a jamais pu survivre plus de quelques in-
« stants. Quelle douleur pour moi si tu tombais aux
« mains d'un Sarrasin ou de quelque autre perfide! »

A ces mots, craignant que son épée ne tombe aux
mains des Sarrasins, il en frappe trois coups sur la
pierre de marbre, il partage la pierre en deux, du

sommet à la base. Mais l'épée à deux tranchants n'est point ébréchée.

CHAPITRE XXIII

Roland sonne l'oliphant. — Sa confession et sa mort.

Il sonne bien fort l'oliphant pour que les Chrétiens, s'il en est encore qui, par crainte des Sarrasins, se cachent dans les bois, viennent à lui, ou pour que ceux qui ont déjà passé les défilés reviennent sur leurs pas, l'assistent à sa mort, prennent sa Durandal et son destrier et poursuivent les Sarrasins. Il sonne alors avec tant de force de son cor d'ivoire, que son souffle fend le cor par le milieu, et que les veines et les nerfs de son cou en sont rompus.

Mais la voix de l'oliphant, portée par l'Ange à travers un espace de huit milles, du côté de la Gascogne, arrive aux oreilles de Charlemagne, qui est dans la vallée appelée aujourd'hui le Val de Charlemagne, où son armée a dressé ses tentes. Aussitôt l'Empereur veut aller à son neveu et lui porter secours. Mais Ganelon, qui comprend bien la détresse de Roland, dit à Charles : « Seigneur mon Roi, ne retournez point

« en arrière : c'est l'habitude de Roland de sonner
« tous les jours l'oliphant pour la moindre chose. Vous
« savez bien qu'il n'a en ce moment aucun besoin de
« votre secours, mais qu'il est à la chasse, poursui-
« vant quelque bête sauvage, et qu'il court par les
« bois, cornant son oliphant. »

O conseils déloyaux, comparables à la perfidie du traître Judas !

Roland est étendu sur l'herbe de la prairie, soupirant après l'eau dont il a besoin pour apaiser sa soif. Il voit venir Baudouin, et, par signes, lui demande de l'eau. Baudouin en cherche de tous côtés sans en pouvoir trouver. Cependant il voit que Roland va mourir, et il le bénit. Mais, craignant de tomber aux mains des Sarrasins, il monte sur son cheval et il va rejoindre l'armée de Charlemagne, qui est devant.

Après qu'il est parti, arrive Thierry, qui pleure sur Roland et lui dit de réconforter son âme par la confession de sa foi. Mais déjà ce jour-là même, et avant d'aller se battre, Roland a reçu l'Eucharistie après avoir confessé ses péchés à un prêtre. C'est en effet la coutume que tous les guerriers, avant d'aller au combat ou à la bataille, se fortifient par la Communion et par la Confession faite aux prêtres, aux Évêques et aux Religieux qui sont dans les camps.

Roland, Martyr de Jésus-Christ, lève les yeux au Ciel, et dit : « Seigneur Jésus-Christ, pour la foi de

« qui j'ai quitté ma patrie et suis venu dans ces pays
« barbares étendre le règne de la Loi chrétienne, j'ai
« livré, avec votre secours, bien des combats aux
« païens, je les ai vaincus, j'ai supporté des coups
« sans nombre, des chutes, tant de blessures, d'in-
« jures, de moqueries, de fatigues, et la chaleur et le
« froid, et la faim et la soif, et les anxiétés de l'esprit,
« je vous confie à cette heure mon âme. Comme vous
« avez daigné pour moi naître d'une Vierge, souffrir
« sur la Croix, mourir, être enseveli, ressusciter des
« Enfers le troisième jour et remonter au Ciel, où votre
« Divinité n'avait jamais cessé d'être présente, dai-
« gnez ainsi délivrer mon âme de la mort éternelle. Je
« m'avoue coupable et pécheur au delà de ce qu'on
« peut dire : mais vous, dont la clémence infinie par-
« donne à tous les pécheurs, vous qui avez pitié de
« tous les misérables et qui aimez toutes vos créa-
« tures, vous qui effacez les péchés des hommes quand
« ils font pénitence, vous qui mettez en un oubli éter-
« nel les crimes du pécheur, à quelque moment qu'il
« revienne à vous en gémissant, vous qui avez par-
« donné à vos ennemis, vous qui avez pardonné à la
« femme surprise en adultère, vous qui avez remis à
« Madeleine ses péchés, vous que les larmes de Pierre
« n'ont pas trouvé rigoureux, vous qui avez ouvert la
« porte du Paradis au larron qui avait foi en votre
« parole, vous ne me refuserez pas le pardon de mes

« fautes, vous me remettrez les péchés que j'ai com-
« mis contre vous, et vous daignerez réchauffer mon
« âme dans le repos éternel. C'est vous qui voulez que
« la mort n'anéantisse point nos corps, mais qu'ils
« soient changés en de plus parfaits ; c'est vous qui
« faites vivre d'une vie plus libre l'âme séparée du
« corps ; c'est vous qui avez dit que vous aimez mieux
« la vie du pécheur que sa mort. Mon cœur croit en
« vous, et ma bouche redit votre nom, à cette heure
« où vous faites sortir mon âme de la vie de ce monde
« pour la faire vivre après la mort d'une vie plus heu-
« reuse. Autant l'ombre est différente du corps, autant
« le sentiment et l'intelligence de mon âme ici-bas
« sont différents du sentiment et de l'intelligence
« qu'elle aura dans le Paradis ! »

Puis il met ses mains sur son cœur, comme Thierry
l'a rapporté depuis, il prend la peau et la chair de
sa poitrine, et dit avec des larmes et des gémissements :
« Seigneur Jésus-Christ, Fils du Dieu vivant et de la
« Bienheureuse Vierge Marie, du fond de mes en-
« trailles je confesse votre nom, je crois que vous êtes
« mon Rédempteur, que vous vivez et que vous régnez,
« et qu'au dernier jour mon corps ressuscitera de la
« terre où il aura été enseveli, et que ma chair aussi
« verra le Dieu mon Sauveur ! »

Il saisit fortement dans ses mains, par trois fois, la
chair et la peau de sa poitrine, et il répète : « Je ver-

« rai dans cette chair le Dieu mon Sauveur! ». Il met ses mains sur ses yeux, et trois fois il répète semblablement : « Ces yeux le verront! »

Il rouvre les yeux, regarde le Ciel, il arme sa poitrine et tous ses membres du signe de la sainte Croix, et dit : « Toutes les choses de la terre n'ont plus de « prix pour moi, car Jésus-Christ me fait maintenant « la grâce que je contemple ce qu'un œil humain n'a « jamais vu, ce qu'une oreille n'a jamais entendu, ce « qu'une âme humaine n'a pas pu concevoir, la féli- « cité que Dieu a préparée à ceux qui l'aiment. »

Il tend les mains vers le Ciel, il adresse au Seigneur sa prière pour ses compagnons morts dans la bataille : « Que les entrailles de votre miséricorde, ô « mon Dieu! soient émues du sort de vos serviteurs « qui sont morts aujourd'hui en combattant, qui « étaient venus de lointains pays dans ces contrées « barbares pour combattre cette race perverse, exalter « votre saint nom, venger votre précieux sang et pro- « clamer la foi chrétienne. Ils ont péri pour vous, tués « par les Sarrasins, et leurs corps sont étendus sans « vie. Que votre clémence, Seigneur, efface les taches « qui sont en eux, daignez arracher leurs âmes aux « tourments de l'abîme, envoyez-leur vos Archanges « qui les emportent de la région des ténèbres et les « conduisent au céleste royaume, pour que vos fidèles « serviteurs, unis à vos saints Martyrs, y règnent

« éternellement avec vous, qui vivez et régnez avec
« Dieu le Père et le Saint-Esprit dans tous les siècles
« des siècles. Ainsi soit-il. »

Quand Roland a fini sa confession et sa prière, Thierry le laisse. L'âme du Bienheureux Martyr Roland quitte son corps, les Anges l'emportent au séjour du repos éternel, où elle règne sans fin et tressaille de joie, associée par ses mérites au chœur des saints Martyrs.

CHAPITRE XXIV (1)

Noblesse et mœurs de Roland.

« Il ne faut pas donner de larmes frivoles à celui
« que la cour céleste possède maintenant dans la joie.

« Il était noble par l'antiquité de sa race; il est de-
« venu plus noble par ses hauts faits, et il habite
« au-dessus des astres.

« Il était éminent, il ne le cédait à personne en no-
« blesse, il était supérieur par ses mœurs, et il sur-
« passait tous les autres en grandeur.

---

(1) Ce chapitre est en vers. C'est, comme on le voit, un chant funèbre, une épitaphe.

« Il était assidu dans les pratiques de la piété, il
« fortifiait le peuple de ses douces paroles, il savait
« fermer les blessures de la patrie.

« Il était l'espoir des clercs, le protecteur des veuves,
« le nourricier des indigents, le bienfaiteur des pau-
« vres, l'hôte magnifique des étrangers.

« Ses offrandes aux églises vénérables, ses dons
« généreux aux indigents, sont les œuvres qui l'ont
« précédé au Ciel.

« Il gardait les dogmes de la foi en son cœur comme
« dans un livre, et venait boire qui voulait à cette fon-
« taine abondante.

« Esprit sage, cœur pieux, figure aimable, il était
« par sa tendresse comme le père du peuple.

« Illustre grandeur, gloire sainte, lumière féconde,
« tout honneur et toute louange demeurent au-des-
« sous de ses mérites.

« Ses mérites l'ont porté au Ciel. Il n'est pas en-
« fermé dans l'urne du tombeau, c'est le cœur de
« Dieu qui le possède ! »

CHAPITRE XXV

Vision de l'Évêque Turpin. — Douleur de Charlemagne à la mort de Roland.

Que dirai-je de plus? Après que l'âme du Bienheureux Roland eut quitté son corps, et comme en ce même jour, le seizième des calendes de juillet, je célébrais, moi Turpin, en présence du Roi, la messe des morts au Val de Charlemagne, dont j'ai déjà parlé, je fus ravi en extase, et j'entendis dans les Cieux des chœurs de voix qui chantaient, et j'ignorais quelles étaient ces voix. Comme ces chœurs passaient dans les régions éthérées, je vis tout à coup, m'étant retourné, passer devant moi une phalange de noirs chevaliers qui semblaient revenir du pillage, rapportant leur rapine et leur proie. Je leur demande ce qu'ils portent. « Nous emportons, disent-ils, Marsille en Enfer, tan-« dis que saint Michel porte au Ciel le Héros qui son-« nait l'oliphant (1), et bien d'autres avec Roland. »

Quand la messe fut célébrée, je dis au Roi : « Sire, « apprenez que l'Archange saint Michel a porté au

---

(1) *Tubicinem virum.*

« Ciel l'âme de Roland et celles de bien d'autres Chré-
« tiens. Cependant j'ignore tout à fait de quelle mort
« il est mort. Mais des Démons emportent l'âme de
« Marsille et les âmes de nombre de mécréants au feu
« des supplices éternels. »

Comme j'achève ces mots paraît Baudouin, monté sur le cheval de Roland, qui raconte tout ce qui s'est passé, comment il a laissé Roland sur la montagne, appuyé sur une pierre pour mourir. Des cris s'élèvent de toute l'armée, on retourne en arrière, et c'est Charlemagne qui trouve d'abord Roland sans vie, étendu, les bras sur la poitrine en forme de Croix. Charles tourne autour de lui, commence à pleurer et à gémir, il pousse des sanglots comme on n'en a jamais entendu, des soupirs sans fin, il pleure, il se tord les mains, il se déchire le visage avec ses ongles, il s'arrache la barbe et les cheveux, et crie désespéré : « O bras droit
« de mon corps, tête pleine de sagesse, honneur de la
« France, épée de justice, glaive invincible, haubert
« inviolable, heaume de salut, héros pareil à Judas
« Machabée, nouveau Samson, semblable en ta mort
« à Saül et à Jonathas, chevalier infatigable, le plus
« savant des guerriers, des braves le plus brave, Ba-
« ron de la race des Rois, destructeur des Sarrasins,
« défenseur des Chrétiens, rempart des clercs, appui
« des orphelins, secours des veuves, des pauvres aussi
« bien que des riches, restaurateur des églises, langue

« sans mensonge en toutes tes paroles, général illustre
« de la France, chef des armées fidèles, pourquoi
« t'ai-je amené en ce pays ? Faut-il que je te retrouve
« mort ! Pourquoi ne puis-je mourir avec toi ! Pour-
« quoi me laisses-tu triste et inutile en cette vie ! Mal-
« heureux que je suis, je n'ai plus maintenant rien à
« faire ici-bas. Mais toi, vis avec les Anges, unis-toi
« aux chœurs des Martyrs, réjouis-toi avec tous les
« Bienheureux. Cependant ma douleur de t'avoir
« perdu n'aura pas de fin, comme la douleur et le
« deuil de David après la mort de Saül, de Jonathas et
« d'Absalon. »

VERS (1).

Tu as retrouvé la patrie, tu nous laisses en ce monde si triste. Tu es au milieu de la cour de la gloire éternelle, nous sommes dans le temps plein de larmes. A trente-huit ans tu as quitté la terre pour le Royaume des Cieux, tu prends part maintenant aux fêtes du Paradis. La terre est dans les gémissements, et le Ciel est dans l'allégresse.

Tant que Charlemagne vécut, sa douleur d'avoir

---

(1) Ces vers sont placés là sans autre explication que ce seul mot : *Versus*.

perdu Roland lui arracha les mêmes plaintes et d'autres semblables. Mais cette nuit-là il dressa ses tentes avec son armée à l'endroit même où Roland gisait mort. Il fit embaumer ce corps inanimé avec du baume, de la myrrhe et de l'aloès. Il lui fit faire des funérailles magnifiques, accompagnées de chants, de pleurs et de prières. On entoura le corps de luminaires et de grands feux allumés dans les bois. Et ces honneurs rendus à Roland durèrent toute la nuit.

CHAPITRE XXVI

Le soleil arrêté pendant trois jours. — Les quatre mille Sarrasins. — Mort de Ganelon.

Le lendemain, au point du jour, ils viennent en armes à Roncevaux, à l'endroit où la bataille a eu lieu et où gisent les cadavres des combattants. Chacun retrouve ses amis, ou tout à fait sans vie ou quelques-uns vivants encore, mais blessés mortellement. On retrouve Olivier passé de la lumière de ce monde à la lumière du Paradis : il est gisant sur le sol, la face contre terre, étendu en forme de Croix, fortement attaché par quatre harts à quatre pieux fichés en terre, écorché avec des couteaux aigus depuis le cou jusqu'aux ongles des pieds et des mains, percé de javelots, de flèches, de dards et d'épées, et brisé de grands coups de bâton.

C'est de tous côtés un bruit immense, formé de cris et de plaintes sans nombre, car chacun pleure son ami, chacun est dans la désolation, et le bruit des voix et des sanglots remplit tout le bois et toute la vallée. Alors le Roi de France jure par le Roi tout-puissant qu'il ne cessera pas de poursuivre les païens qu'il ne les ait trouvés. Et aussitôt il s'élance après eux avec son armée immense, le soleil s'arrête immobile, et ce jour-là dure l'espace de trois jours. Charlemagne trouve les païens contre le fleuve qui a nom l'Èbre, gisant et mangeant sous les murs de Saragosse. Après en avoir fait périr quatre mille, notre Roi revient à Roncevaux avec son armée.

Que dirai-je encore? Après avoir fait transporter les morts, les infirmes et les blessés trouvés auprès de Roland, Charlemagne commence à rechercher s'il est vrai ou non que Ganelon ait trahi les chevaliers, comme beaucoup l'affirment. Il ordonne, pour la manifestation de la vérité, le combat de deux chevaliers armés, savoir de Pinabel, pour Ganelon, et de Thierry pour lui-même. Thierry tue Pinabel, et, la trahison de Ganelon étant ainsi manifestée, Charles ordonne que le traître soit attaché aux quatre chevaux les plus sauvages de l'armée, que leurs cavaliers poussent aux quatre côtés du ciel. Ainsi déchiré, Ganelon finit par une mort digne de son forfait.

CHAPITRE XXVII

Les corps des morts sont embaumés avec des aromates et du sel.

Alors les amis prennent les cadavres de leurs amis, et les uns les embaument avec divers aromates, de la myrrhe et du baume, les autres les remplissent soigneusement de sel. On fend les corps, on jette les entrailles, et ceux qui ne peuvent pas employer les aromates, les garnissent de sel. Les uns se servent pour les porter de civières de bois, d'autres les traînent sur leurs chevaux, d'autres les portent sur leurs épaules, d'autres entre leurs bras. Les uns ensevelissent leurs morts en ce lieu même, d'autres les emportent en France ou dans un lieu particulier de sépulture; d'autres les emportent jusqu'à ce que les cadavres tombent en pourriture, et alors les ensevelissent.

CHAPITRE XXVIII

Les deux cimetières sacro-saints, l'un auprès d'Arles,
l'autre auprès de Bordeaux.

Il y avait alors deux principaux cimetières sacro-saints, l'un auprès d'Arles, aux champs d'Aylis, l'autre auprès de Bordeaux, que le Seigneur avait consacrés par les mains de sept de ses saints Pontifes, savoir : Maximin, Évêque d'Aix; Trophime, Évêque d'Arles; Paul, Archevêque de Narbonne; Saturnin, Évêque de Toulouse; Frontin, Évêque de Périgueux; Martial, Évêque de Limoges; Eutrope, Archevêque de Sens. La plupart des morts de Roncevaux y furent ensevelis, et les chevaliers qui périrent sans combat au mont Garzim y furent également ensevelis, embaumés avec des aromates.

CHAPITRE XXIX.

Sépulture de Roland et de ceux qui furent ensevelis à Blaye et dans différents endroits.

Charlemagne fait transporter à Blaye, sur deux mules et dans un cercueil tapissé d'une étoffe d'or et recouvert d'un drap magnifique, le Bienheureux Roland. Il l'ensevelit avec une grande pompe dans l'église de Saint-Romain, qu'il a lui-même élevée autrefois et qu'il a pourvue de Chanoines réguliers. Il place à la tête de Roland Durandal, sa bonne épée; il place son oliphant à ses pieds, pour la gloire de Jésus-Christ et de son chevalier fidèle. (L'oliphant a été depuis transporté avec pompe en l'église de Saint-Séverin, à Bordeaux.)

Heureuse et très-noble ville de Blaye, qui a l'honneur de garder un si grand hôte, qui reçoit de la possession de son corps tant de consolation, qui reçoit de sa présence une protection si glorieuse!

Olivier est enseveli à Belin, avec Gaudibod, Roi de Frise, Ogier, Roi de Danemark, Arastagne, Roi de Bretagne, Garin, Duc de Lorraine, et bien d'autres

Barons. Heureux petit village de Belin, qui a l'honneur de garder tant de héros!

Au cimetière de Saint-Séverin, à Bordeaux, sont ensevelis Satfert, Roi de Bordeaux, Angelier, Duc d'Aquitaine, Lambert, Prince de Bourges, Galère, Galin, Renaud d'Aube-Épine, Gautier de Termes, Willerin Bègue, avec cinq mille autres chevaliers.

Le comte Oëllus est enseveli dans la ville de Nantes avec un grand nombre d'autres Bretons.

Après que les corps de ces héros sont ainsi rendus à la terre, Charlemagne, à l'exemple de Judas Machabée, donne, pour le salut de leurs âmes, douze mille onces d'argent, autant de besants d'or, et des vêtements et des vivres aux pauvres. Il donne en franc aleu, pour les besoins de l'église de Saint-Romain de Blaye et par amour de Roland, tout le pays qui s'étend jusqu'à... (1) milles autour de cette église de Saint-Romain, et la ville de Blaye, et tout ce qui lui appartient, et la mer elle-même qui baigne ce rivage. Il défend aux Chanoines de Saint-Romain de se mettre au service d'aucune créature humaine, il leur ordonne de se consacrer exclusivement au salut de l'âme de son neveu Roland et de ses compagnons. Il veut que tous les ans, au jour anniversaire du martyre

---

(1) Il y a dans le livre que j'ai sous les yeux cette note marginale: *Hic deest numerus*. Je ne peux pas y suppléer.

de son neveu, trente pauvres soient couverts de tous les vêtements nécessaires et pourvus de vivres, que trente messes soient dites, trente offices (1) chantés et autant de vigiles, et toutes les prières des obsèques des morts, en commémoration, non-seulement de ceux qui ont subi le martyre en Espagne, mais encore de ceux qui l'y ont affronté par amour de Dieu. Les Chanoines s'engagent à l'accomplissement exact de toutes ces choses, pour mériter de participer un jour à la couronne de gloire des Martyrs de Roncevaux dans la patrie céleste. Ils engagent avec eux tous les Chanoines qui leur succéderont. Et cet engagement est l'objet d'un pacte et d'un serment solennel.

CHAPITRE XXX

De ceux qui sont ensevelis auprès d'Arles, aux champs d'Aylis.

Ensuite nous partons, moi, et Charlemagne, et une partie de notre armée, nous quittons Blaye, nous traversons la Gascogne et Toulouse; et nous parvenons à Arles. Là nous rencontrons l'armée des Bourguignons,

---

(1) *Psalteria.*

qui s'était séparée de nous dans ce val funeste (1) et qui était revenue par Morlain et Toulouse, rapportant ses morts et ses blessés dans des litières et des charrettes, pour les ensevelir au cimetière des champs d'Aylis; cimetière où sont enterrés par nos mains Estoult, Comte de Langres, et Salomon, et Sanche, Duc de Bourgogne, et Arnould de Bellande, et Albert le Bourguignon, Guimar et Estourmiz, Haton et Yvoire, et Bérard de Nubles, et Bérenger, et Neimes, Duc de Bavière, avec dix mille autres.

Constantin, préfet de la ville de Rome, transporté par mer, est enseveli avec un grand nombre d'autres Romains et d'Apuliens.

Charlemagne donne aux pauvres d'Arles, pour le soulagement des âmes de ces chevaliers, douze mille onces d'argent et autant de besants d'or.

CHAPITRE XXXI

Charlemagne convoque une assemblée à Saint-Denis.

Après cela, nous allons ensemble à Vienne, où je demeure, tourmenté par le ressentiment des blessures,

(1) A Roncevaux.

des coups, des assauts et de tant de mauvais traitements que j'ai reçus en Espagne. Le Roi, un peu affaibli, va se reposer à Paris avec son armée.

Il convoque une assemblée d'Évêques et de Princes dans la basilique de Saint-Denis. Il rend grâces à Dieu qui lui a donné la force de réduire la race païenne; il lui offre, pour être le domaine de son Église, toute cette France que jadis le Bienheureux Apôtre saint Paul et le Pape saint Clément ont donnée au Bienheureux saint Denis pour en être l'Évêque. Il ordonne que tous les Rois et tous les Évêques de France, présents et à venir, demeurent obéissants, en Jésus-Christ, au Pasteur de l'Église universelle. Il ne veut pas que sans la permission du Chef de l'Église, les Rois puissent être couronnés, ni les Évêques sacrés, ni qu'ils puissent être reçus à Rome, ni qu'ils puissent être excommuniés.

Après avoir fait à l'Église des dons immenses, il établit que dans toute la France chaque chef d'hôtel donnera chaque année quatre deniers pour la fondation des églises, et il affranchit tous les serfs qui feront volontairement un pareil don. Il se tient auprès du corps du Bienheureux saint Denis et le supplie de répandre sa prière devant le Seigneur pour le salut de ceux qui donneront généreusement cette offrande, et parcillement pour les Chrétiens qui, abandonnant leurs biens par amour de Dieu, ont été recevoir en Espagne, dans la guerre contre les Sarrasins, la couronne du martyre.

La nuit suivante, comme le Roi dort, le Bienheureux saint Denis lui apparaît. Il l'éveille en lui disant : « J'ai obtenu de Dieu pour ceux qui, animés par tes « paroles et par l'exemple de ta vertu, sont morts en « combattant les Sarrasins, et pour les combattants « qui doivent encore mourir, le pardon de tous leurs « péchés. J'ai obtenu la guérison de leurs blessures, « si graves qu'elles soient, à ceux qui donneront « quelque somme pour l'accroissement de l'Église de « Dieu. »

Le Roi publie ces paroles de saint Denis, et le peuple, confiant dans cette précieuse promesse, fait des offrandes avec une grande dévotion. Et quiconque donne volontairement est appelé pour cela franc de saint Denis, car le Roi veut qu'il soit libre de tout servage. De là vient pour notre pays, qui auparavant s'appelait la Gaule, ce nom de France qui veut dire que nous sommes affranchis de toute domination étrangère. C'est pour cela que le Français est appelé libre, et que puissance et gloire lui sont dues sur toutes les autres nations.

Charlemagne, de retour à Aix, y établit des bains chauds et froids. Il enrichit d'or et d'argent et de tous les ornements ecclésiastiques la basilique qu'il a élevée à la Bienheureuse Vierge Marie ; il y fait peindre les écrivains de la Loi ancienne et de la nouvelle. Il décore aussi de peintures admirables son palais, qu'il a élevé près de la basilique; il y fait représenter les victoires qu'il a remportées en Espagne, et, entre autres choses, les sept arts libéraux.

CHAPITRE XXXII

Mort de Charlemagne.

La mort du Roi Charlemagne me fut révélée peu de temps après.

Un certain jour, à Vienne, dans l'église, devant l'autel, j'eus une vision. Je chantais le psaume *Deus, in adjutorium meum*, je vis passer devant moi des cohortes innombrables de noirs guerriers. Comme ils passaient, j'en remarquai un, semblable à un Éthiopien, qui allait derrière les autres d'un pas lent. Je lui demande : « Où allez-vous? —A Aix, me répond-il, « pour nous trouver à la mort de Charlemagne et em-« porter son âme en Enfer. » Et moi je lui dis : « Je « te supplie, au nom de Notre-Seigneur Jésus-Christ, « de ne pas me refuser de revenir auprès de moi au « retour de cette expédition. »

A peine ai-je achevé le psaume, que les mêmes cohortes repassent devant moi dans le même ordre, et je demande encore à celui à qui j'ai parlé la première fois : « Que s'est-il passé ? — Un Galicien sans tête, « répond le Démon, a mis dans la balance tant de « pierres et tant de bois des basiliques élevées par « Charlemagne, que les bonnes œuvres du Roi ont « pesé plus que ses péchés, et que son âme nous a été « enlevée. » Cela dit, le Démon a disparu.

Je comprends par là que Charlemagne vient tout à l'heure de quitter ce monde, et que, par le secours du Bienheureux saint Jacques, à qui Charles a élevé tant d'églises, il a été justement enlevé au royaume du Paradis.

Le jour que nous nous étions séparés l'un de l'autre à Vienne, je lui avais fait promettre, si la chose était possible, de m'envoyer annoncer sa mort, au cas où il mourrait avant moi ; je lui avais promis de même, si je mourais le premier, de lui en faire porter la nouvelle. Aussi, quand il se vit bien malade, il se souvint de sa promesse, et, avant de mourir, il fit à un soldat qu'il avait élevé la recommandation, aussitôt qu'il serait mort, de venir me l'annoncer.

Que dirai-je encore ? Quinze jours après la mort du Roi, j'appris par son messager que, depuis son retour d'Espagne jusqu'à sa dernière heure, il n'avait pas cessé d'être malade, et qu'il avait donné aux pauvres, chaque année, le XVI des calendes de juillet, pour le salut de ceux qui étaient morts par amour de Dieu à Roncevaux, douze mille onces d'argent, autant de besants d'or, et des vêtements et des vivres, qu'il avait fait célébrer autant d'offices, dire autant de messes, chanter autant de matines. Je reconnus que Charlemagne était mort le jour même et à l'heure où j'avais eu la vision, c'est-à-dire le cinquième jour des calendes de février de l'an de l'Incarnation de Notre-Seigneur DCCC XIV. Il fut enseveli pompeusement dans cette basilique de la Bienheureuse Vierge Marie qu'il avait fondée.

J'ai entendu dire que, dans les trois années qui précédèrent sa mort, elle fut annoncée par plusieurs signes. Ainsi le soleil et la lune furent marqués de taches noires pendant les six jours avant la mort. Son nom, inscrit sur le mur de la basilique, KAROLVS PRINCEPS, s'effaça de lui-même. Le portique, qui est entre la basilique et le palais, s'écroula tout seul de fond en comble le jour de l'Ascension de Notre-Seigneur. Un pont de bois qu'il avait jeté sur le Rhin à Mayence, et qui avait coûté six années de grand travail, s'embrasa tout seul, dit-on, et fut entièrement détruit. Charlemagne lui-même, se rendant d'un lieu à un autre, vit tout à coup la lumière du jour s'obscurcir et se changer en une nuit noire, et une grande flamme passa rapidement devant ses yeux, allant de droite à gauche. Épouvanté, terrifié, il tomba d'un côté de son cheval, et l'arche, qu'il tenait à la main, tomba de l'autre. Ses compagnons accoururent aussitôt et le relevèrent dans leurs bras.

Et maintenant nous avons l'espoir qu'il partage dans le Paradis la gloire des Martyrs de Roncevaux dont il a partagé les travaux ici-bas. Qu'on apprenne par cet exemple que celui qui étend la puissance de l'Église se prépare à lui-même une place à la cour du Roi du Ciel; qu'il est, comme Charlemagne, soustrait aux entreprises des Démons, et qu'il monte au Ciel avec l'assistance des Saints, à qui sur la terre il a élevé des basiliques.

Vous qui lisez ce récit,
donnez à Turpin le secours de vos prières,
pour que Dieu prenne pitié de lui.

FIN

TABLE

Au Lecteur. . . . .

LA CHANSON DE ROLAND.

    Chant Ier. — La Trahison. 13

    Chant II. — La Bataille. 51

    Chant III. — La Mort des Preux. . . 97

    Chant IV. — L'Expiation. 131

LA CHRONIQUE DE TURPIN. 205

COLLECTION DES GRANDES ÉPOPÉES NATIONALES

Valmiki. — Le Râmâyana, poëme traduit du sanscrit par H. Fauche. 2 vol. gr. in-18.. 7 »

Les Nibelungen, poëme traduit de l'allemand par Emile de Laveleye. 1 vol. gr. in-18.. 3 50

Le Roman du Renard, mis en vers d'après les textes originaux, par Ch. Potvin. 1 vol. gr. in-18.. 3 50

Milton. — Le Paradis perdu, traduction de l'anglais par Chateaubriand. 2 vol. in-18... 2 »

L'Edda, traduction du poëme scandinave par Emile de Laveleye. 1 vol. gr. in-18.. 3 50

Kalidasâ. — OEuvres, comprenant le drame de Çacountala, traduction de l'indien par H. Fauche. 1 vol. gr. in-18.......................... 3 50

La Chanson de Roland, précédée de la Chronique de Turpin, version nouvelle par M. de Saint-Albin. 1 vol. gr. in-18................. 3 50

Le Poëme du Cid, suivi des Romances complètes du Cid, traduction d'Emmanuel de Saint-Albin. 2 vol. gr. in-18...................... 7 »

Les Chants populaires de l'Italie, texte italien et traduction française par Caselli. 1 vol. gr. in-18............................. 3 50

Georges Avenel. — Anacharsis Cloots, l'Orateur du genre humain. 2 vol. in-8.. 12 »

A. Bougeart. — Marat. Sa Vie et ses OEuvres. 2 vol. in-8.... 10 »

— Danton. Documents authentiques pour servir à l'histoire de la Révolution française. 1 fort vol. in-8............................. 7 50

Ernest Hamel. — Histoire de Robespierre. 3 vol. in-8....... 22 50

N. Villiaumé. — Histoire de la Révolution française (1789). Nouvelle édition, revue et augmentée de documents inédits et inconnus. 3 vol. in-8.. 15 »

N. Reyntiens. — L'Enseignement primaire et professionnel en Angleterre et en Irlande. 1 vol. in-8........................... 6 »

— Débats de l'assemblée de Francfort sur les questions de l'Eglise et de l'instruction publique. 1 vol. gr. in-8........................ 4 »

---

67. — Paris. Imprimerie Poupart-Davyl et Comp., rue du Bac, 30.

www.ingramcontent.com/pod-product-compliance
Lightning Source LLC
Chambersburg PA
CBHW071602170426
43196CB00033B/1589